10962

DERNIÈRES CHANSONS

DE

J.-P. DE BÉRANGER.

C.

BÉRANGER

Ch. Gruaz, Éditeur, à Genève.

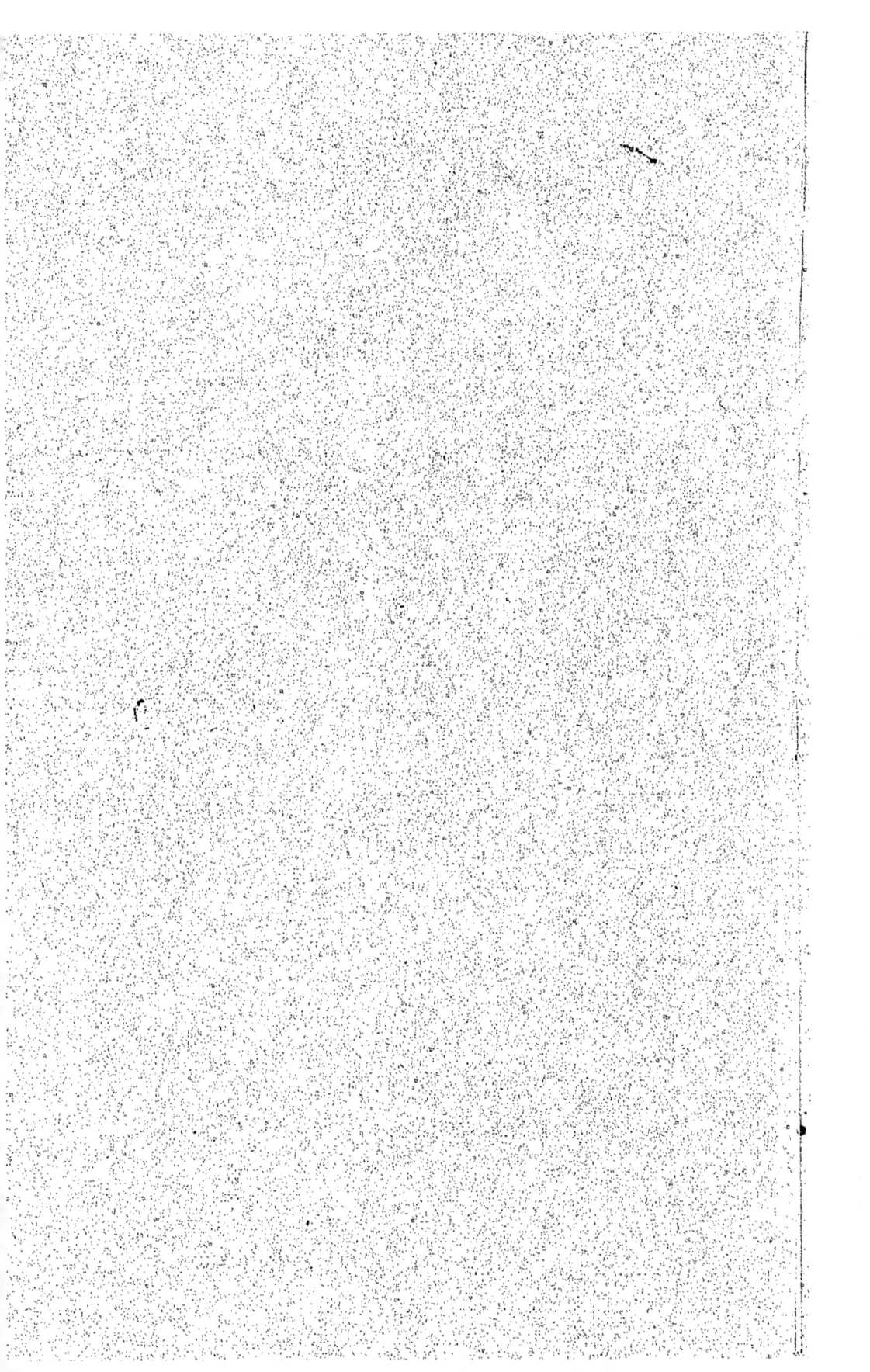

DERNIÈRES CHANSONS

DE

J.-P. DE BÉRANGER

— 1834 à 1851 —

AVEC

UNE PRÉFACE ET UNE LETTRE AUTOGRAPHE
DE L'AUTEUR.

GENÈVE,

CH. GRUAZ, IMPRIMEUR-ÉDITEUR,

Grand-Mézel, 254.

1858

PRÉFACE

POUR

MES DERNIÈRES CHANSONS.

Voici les chansons de ma vieillesse ; le nombre en augmentera peu, je crois, d'ici au jour de leur publication, qui n'aura lieu qu'après ma mort, si toutefois mon éditeur, dont elles sont la propriété, prévoit pour elles un favorable accueil. Je l'espère. Ceux qui ont conservé mes autres volumes ne seront sans doute pas fâchés de compléter une œuvre en vers devenue, d'année en année, de chanson en chanson, la peinture à peu près exacte de la vie entière de son auteur.

En donnant mon cinquième volume, j'annonçai mon intention de ne plus publier de vers. Malgré tout ce qu'ont pu dire d'excellents amis, et même plusieurs des oracles de notre littérature, dont la bienveillance m'a si souvent engagé à faire imprimer ce dernier volume, il ne m'a pas coûté de tenir parole et de le garder en portefeuille.

De bonne heure je me suis défendu du bruit, si contraire à mon humeur et mes goûts. Certes, je n'aurais pas quitté tout-à-coup la carrière des lettres, s'il était donné à l'écrivain de faire deux parts de sa vie : au public ses ouvrages; à lui sa personne. J'aurais voulu pouvoir dire presque comme Sosie : Un *moi* se promène dans la rue, où on le chante, où on l'applaudit; et l'autre *moi* le voit et l'entend de sa fenêtre, sans être reconnu ni salué des passants. Mais cela n'est guère possible, quand on se fait le champion des intérêts populaires, à une époque où la politique passe chaque jour en revue ses bataillons et donne le besoin de se connaître aux soldats comme aux chefs.

Puis, nous vivons sous un régime de grande publicité : de ses immenses avantages doivent résulter quelques inconvénients. Chacun prend droit, par exemple, d'imprimer vos lettres sans votre assentiment. On fait de mémoire, ou même sans vous avoir vu, votre portrait et votre buste, pour les livrer en étalage aux regards des badauds. Enfin, avez-vous un journaliste pour ami, celui-ci, trouvant en vous matière à feuilletons, vous dépèce en colonnes et vous vend à tant la ligne. Si bien que la personne du pauvre auteur, sa vie intime, ses plus douces habitudes, arrivent en peu de temps à la connaissance des oisifs. Eût-on pris, comme je l'ai fait dès le commencement de ma réputation, la précaution d'éviter les spectacles, les réunions nombreuses, grâce à ces révélations multipliées, plus de promenades assez retirées pour n'y pas rencontrer quelque doigt indiscret qui vous désigne à des regards curieux : votre renom est depuis longtemps évanoui que le doigt perfide vous poursuit encore.

Après leur génie, ce que j'ai le plus envié aux grands écrivains du siècle de Louis XIV, c'est l'espèce d'obscurité dont put s'envelopper leur modeste existence;

ne se faisant pas du bruit de leur nom un besoin de chaque instant, ils savaient vivre dans le silence qui chez nous succède si vite aux applaudissements. L'un d'eux, était-il mari ou père, voyait sans surprise sa femme et ses enfants ignorer jusqu'aux titres mêmes de ses ouvrages; la vie de plusieurs de ces grands hommes fut tellement obscure, qu'à peine a-t-il été possible de leur composer des notices historiques de plus de vingt lignes, au grand déplaisir des marchands de biographies.

Cette manière de voir, qu'on n'en fasse pas honneur à la philosophie : je ne la dois qu'à mon amour de l'indépendance. Elle fera comprendre qu'il y a eu du bonheur pour moi à cesser, depuis 1833, d'occuper de moi le public. A ce sujet, et sous le rapport politique, quelques personnes m'ont blâmé, attaqué même ; j'ai entendu traiter mon silence de félonie. Je ne sais si des gens qui n'avaient pu se faire acheter n'ont pas été jusqu'à dire que je m'étais vendu. A de si plaisantes accusations j'aurais rougi de répondre. Mais à la jeunesse qui m'a comblé de témoignages de sympathie, et dont la bienveillance enthousiaste eût volontiers considéré le silence du chansonnier comme Mirabeau celui de Sieyès, j'ai dû expliquer les motifs de ma conduite, et l'âge me fournissait déjà une excuse suffisante. Mes raisons se trouvent d'ailleurs exposées dans des correspondances particulières; je me contenterai d'en rapporter ici quelques-unes, en faisant observer que je vais parler uniquement de la chanson politique.

Certains hommes de vertu austère dussent-ils m'en savoir mauvais gré, je veux confesser d'abord que la divergence des opinions ne parvient pas seule à effa-

cer en moi d'anciennes affections, ni seule à m'em-
pêcher d'en éprouver de nouvelles. J'ai donc presque
toujours eu, depuis 1850, des amis au banc des ministres, que leur nombreux entourage m'a empêché
de fréquenter comme je le faisais au temps qui, pour
eux et pour moi, fut le meilleur sans doute.

Je manquerais à un devoir si je n'ajoutais que, de-
venus puissants, ces amis m'ont souvent aidé à rendre
des services, moyen le plus sûr de m'attacher par la
reconnaissance. Ce sentiment, si naturel en moi, ne
m'eût pourtant pas empêché d'attaquer les actes qui
m'ont paru répréhensibles ; mais la difficulté eût été
de refaire et de redire en chanson presque tout ce
que j'avais dit et fait sous l'ancien gouvernement. Nos
hommes d'État ne se piquent guère d'invention et
vivent de plagiats : les abus et les fautes se renou-
vellent, se succèdent et se perpétuent chez nous avec
une merveilleuse facilité ; aussi les sifflets s'usent-ils
à la peine, et je défierais la plus heureuse imagination
de suffire plus de quinze ans aux cadres, aux refrains,
aux vers grands et petits que l'opposition attend d'un
chansonnier. L'esprit le plus fécond n'a qu'un certain
nombre de formes à appliquer à la pensée, qui est
l'étoffe de tout le monde. Les miennes étaient épuisées
ou peu s'en fallait : à de plus jeunes donc de tenter
l'aventure.

Mais une raison non moins puissante m'a décidé au
parti que j'ai cru devoir prendre.

La chanson politique est, sans doute, une arme re-
doutable, mais la pointe s'en émousse vite et ne se re-
trempe que dans le repos. Tous les moments ne lui
sont pas également bons, et, pour qu'elle intervienne
à point, il faut qu'elle ait à choisir entre deux camps

bien distincts ou entre des passions fortes. La Ligue
et la Fronde l'ont prouvé de reste. Après les noëls
contre la cour de Louis XV et Louis XVI, au commencement de notre immortelle révolution, en présence
des étrangers et du royalisme en armes, elle produisit
des refrains de colère et de triomphe. Le Directoire
ressembla trop à une anarchie, surtout vers sa fin,
pour n'avoir pas été en butte à quelques-uns de ses
traits. Avec toutes les factions, la chanson fut con-
trainte de se taire sous l'Empire, et elle ne put même
alors être louangeuse sans un *visa* de la police. Les
héros ne sont pas ceux qui la redoutent le moins.
Voyez comment Turenne la traitait dans la personne
de Bussy Rabutin, exilé plus tard par Louis XIV pour
d'assez médiocres couplets. Ce n'est pas à moi de dire
combien les deux règnes de la Restauration lui furent
favorables, en dépit des juges et des geôliers. A la
chute de la branche aînée des Bourbons, je prédis
que la chanson arrivait à un temps de repos.

En effet, bientôt les opinions diverses s'enhardissent
à lever l'étendard de l'opposition, et se prêtent même
une mutuelle assistance, ce qui est toujours une preuve
de prétentions aventurées et de faibles convictions,
au moins de la part des chefs. Aussi chaque parti ne
tarde-t-il pas à se fractionner, et de l'impuissance qui
en résulte naît la déconsidération. Ajoutons que le
peuple, instruit par le spectacle de nos mesquines et cu-
pides ambitions, détrompé sur le compte de la plupart
de ceux dont il s'était fait des idoles, le vrai peuple,
celui pour qui et avec qui j'ai chanté, condamné à ne
plus croire à rien, à ne plus aimer rien, se tient en
dehors des évolutions de la politique, comme un jury
impartial, appelé à prononcer souverainement un jour

1*

sur les longs débats de notre époque avocassière et cupide.

Dans un tel état de choses, où la chanson peut-elle prendre son point d'appui? Qui peut-elle satisfaire? Comment former ce chorus général nécessaire à la propagation de ses refrains? A peine a-t-on daigné remarquer de jeunes talents qui se sont jetés dans cette mêlée avec provision de graves et de joyeux couplets. Malgré le mérite de leurs œuvres et de leurs efforts, aucun n'a obtenu les encouragements que les partis ont l'habitude de prodiguer à leurs coryphées, bonne fortune qui contribua tant à ma réputation.

A ces causes de mon silence j'oserai ajouter une réflexion d'un ordre plus élevé.

Nous ne devons jamais l'oublier : la gloire de la France est d'avoir fait non-seulement une grande révolution politique, mais une immense révolution sociale. 89 a créé de nouveaux éléments de civilisation, et leur coordination, jusqu'à présent trop négligée par nos gouvernants, copistes du passé, est devenue l'œuvre indispensable. Elle appelle plutôt, je le crois, le concours de la science et de la philosophie (j'entends la véritable philosophie, qui n'est ni la psychologie, ni l'idéologie, ni l'éclectisme, etc., etc.) que celui des belles-lettres et des beaux-arts. Ceux-ci doivent attendre que le grand problème soit résolu, c'est-à-dire que l'ordre dans l'égalité règne enfin, pour s'utiliser au service d'une phase nouvelle de civilisation. Quel accueil recevrait un chansonnier qui, sur des airs de ponts-neufs, réclamerait l'organisation de la démocratie, cette œuvre si importante qui reste toujours à faire, et à laquelle les républicains mêmes ne semblent pas penser?

Le poëte erre aujourd'hui à l'aventure, au milieu
des essais de constructions et des ruines amoncelées;
qu'il abandonne donc l'arène aux doctes et aux sages
qui viendront, s'ils ne sont déjà venus, ce que je n'ose
affirmer par respect pour nos grands hommes d'État.
Cependant, si je ne me trompe, bien pénétré des besoins actuels, le poëte doit se réfugier dans l'avenir,
pour indiquer le but aux générations qui sont en
marche. Le rôle de prophète est assez beau, et M. de
Lamartine me semble s'en être emparé, particulière-
ment dans *Jocelyn*, avec toute la supériorité du génie.

Cette réflexion et quelques autres, inutiles à rapporter, m'avaient donné l'idée d'entreprendre un ouvrage en prose pour l'éducation des classes laborieu-
ses, afin d'utiliser ma vieillesse. J'y ai longtemps rêvé;
malheureusement, ce n'est pas au déclin de la vie
qu'on se fait un talent nouveau, et je ne puis conce-
voir d'œuvre écrite à laquelle l'art soit étranger. C'est
pousser trop peu loin sans doute l'amour du bien public que de le subordonner à une si puérile vanité. Je
m'en accuse; qu'on pardonne à ma nature ainsi faite.

Dans un but moins utile, j'avais presque promis
d'écrire des notices sur quelques-uns de mes contem-
porains, morts ou vivants. J'ai fait plus, j'ai essayé
ce travail, et plusieurs biographies ont été à peu près
achevées.

Mais bientôt, frappé de l'impossibilité d'être toujours suffisamment instruit et par conséquent toujours
juste pour les hommes des différentes opinions, soit
en raison du pêle-mêle des documents, soit à cause des
retours possibles dans des existences non achevées,
soit enfin par la faiblesse qu'inspire au peintre son
attachement pour quelques-uns de ses modèles, j'ai

renoncé à cette tâche pénible, et détruit mes premières
ébauches. S'il est doux de casser des arrêts injustes
en rectifiant des accusations erronées et trop sévères,
combien n'y a-t-il pas à souffrir quand, pour être
vrai, il faut diminuer du lustre d'une belle vie que la
vertu ou une haute intelligence n'a pu préserver de
toute faute; surtout si l'on est convaincu, comme je
le suis, que détruire sans nécessité et au jour le jour
les admirations du peuple, c'est travailler à sa démo-
ralisation !

Renonçant donc au travail biographique, j'ai con-
tinué de chanter, mais rarement et pour moi seul. Si
on s'occupe un jour de mes derniers vers, on y recon-
naîtra l'homme qui, autrefois, osa entrer en lutte avec
un pouvoir imposé par l'étranger, un peu modifié sans
doute, mais aussi plus à l'aise dans cette liberté mo-
rale que la retraite seule peut procurer. Si les regards
du public sont d'abord un encouragement pour l'écrivain, à la longue ils lui deviennent une gêne. Il semble
qu'il y ait des engagements pris avec lui auxquels ce
maître impérieux ne permet pas qu'on échappe. Vous
a-t-il applaudi sous tel costume, ne vous avisez pas
d'en changer, même pour être mieux : il feindra de
ne pas vous reconnaître. Il m'a comblé de ses faveurs,
et j'en suis reconnaissant; toutefois, comme chansonnier, ne voulant plus avoir affaire à lui qu'après ma
mort, j'ai cru pouvoir me dégager un peu des formes
rhythmiques auxquelles je me soumettais constam-
ment pour lui plaire, et dans l'intérêt de la cause que
j'ai défendue. On s'en apercevra à l'absence d'un choix
d'airs pour beaucoup de ces dernières chansons, ce
qui ne m'a pas empêché de me les chanter souvent sur
des airs improvisés, d'une voix chevrotante. Surtout

on remarquera que j'ai fait moins usage du refrain obligé, dont jusque-là je n'avais osé m'affranchir, ayant observé que, sans ce retour des mêmes paroles, la chanson avait moins d'empire sur l'oreille et l'esprit des auditeurs. Combien de peine, bon Dieu! le refrain ne m'a-t-il pas donnée! Combien de nuits passées à ramer pour venir rattacher à cet immobile poteau ma pauvre nacelle, qui n'eût pas demandé mieux que de voguer en liberté au gré de tous les vents! Je dois le reconnaître pourtant : si j'ai eu à souffrir de cette servitude, elle n'a pas été sans avantage pour moi. Avec raison j'ai dit du refrain qu'il était le frère de la rime : comme elle, il m'a forcé à résumer mes idées d'une manière plus succincte et à mieux en approfondir l'expression.

Ces courtes observations prouveront que, plein de respect pour le public, j'ai toujours cherché à lui complaire, me livrant pour cela au travail le plus consciencieux. Dans les chansons de ma vieillesse, il pourra se convaincre qu'au moins, sous ce rapport, l'âge ne m'a rien fait négliger.

Ce n'est certes pas moi qui aurais deviné ce qu'on appelle aujourd'hui la littérature facile, ennemie mortelle de cette autre littérature qui fit le charme de ma vie et fut si longtemps l'orgueil de la France.

BÉRANGER.

Septembre 1842.

DERNIÈRES CHANSONS.

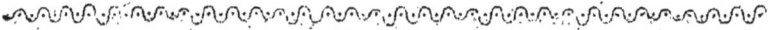

～～～～～～～～～～～～～～～～～～～～～～～～～～

PLUS DE VERS.

Air :

Non, plus de vers, quelque amour qui m'anime :
La règle et l'art m'échappent à la fois ;
Un écolier sait mieux coudre la rime
Au bout du vers mesuré sur ses doigts.
Devant le ciel lorsque tout haut je cause
Avec mon cœur, au fond des bois déserts,
L'écho des bois ne me répond qu'en prose.
Dieu ne veut plus que je fasse de vers.

Dieu ne veut plus ! Et, comme aux fins d'automne,
Le villageois, dans ses clos dépouillés,
Regarde encor si l'arbre, en sa couronne,
Ne cache pas quelques fruits oubliés ;
Je vais, cherchant ; pour cela je m'éveille ;
Mais l'arbre est mort, fatigué des hivers.
Qu'il manquera de fruits à ma corbeille !
Dieu ne veut plus que je fasse de vers.

Dieu ne veut plus ! Et pourtant dans mon âme
J'entends sa voix dire au peuple craintif :
Lève ton front, peuple, je te proclame
De la couronne héritier présomptif.
Il dit ; et moi, joyeux de prescience,
Lorsque j'allais, par de nouveaux concerts,
Peuple dauphin, t'instruire à la clémence,
Dieu ne veut plus que je fasse de vers.

UN ANGE.

AIR :

D'où naît cette pure auréole
Dont les rayons frappent mes yeux?
C'est un ange, un ange qui vole
Entre mon front chauve et les cieux.
Comme un doux luth sa voix m'attire,
Et ses cheveux longs et flottants
Embaument l'air que je respire
Des plus doux parfums du printemps.

Oui, c'est un ange; car mes rides
Feraient fuir la simple beauté,
Qui lirait dans mes yeux humides
Des souvenirs de volupté.
Mais l'ange, aux grâces innocentes,
Presque heureux d'être venu tard,
Sourit, quand ses mains caressantes
Réchauffent les mains du vieillard.

Cet ange écarte d'un coup d'aile
Les songes noirs qui m'étreignaient;
Il serait mon guide fidèle
Si mes faibles yeux s'éteignaient.
Au but de ma course éphémère
Qu'enfin j'arrive harassé,
Comme un nouveau-né par sa mère,
Sur son sein je mourrai bercé.

Mais de mourir, pourquoi parlé-je,
Quand pour vivre il me tend la main?
Son souffle a fait fondre la neige
Qui cachait les fleurs du chemin.
Et pour ma soif, dans le voyage,
De ses lèvres coulent toujours

Des baisers plus doux qu'au jeune âge
Ne m'en prodiguaient les amours.

J'en suis donc sûr, il est des anges
Qui, vers nous, prenant leur essor,
Au pauvre enfant donnent des langes,
A la pauvre mère un peu d'or.
Vous, leur sœur, d'une âme ravie
Agréez le culte pieux;
Qu'avec vous j'achève la vie,
Qu'avec vous je remonte aux cieux!

LES CHANSONNETTES.

A BRAZIER,

MON VOISIN A PASSY ET MON ANCIEN COLLÈGUE AU CAVEAU,
QUI, EN M'ENVOYANT SON RECUEIL, M'A ADRESSÉ UNE
FORT JOLIE CHANSON[1].

AIR : *Jadis un grand prophète.*

Brazier, grand merci de ton livre,
De nos beaux jours gai souvenir.
Quoique un peu las déjà de vivre,
Je te chante pour rajeunir.
Que de soupers! que d'amourettes!
Que de vrais amis à vingt ans!

1. Depuis que cette chanson est faite, Brazier a cessé
de vivre: il était moins âgé que moi. C'est un des vau-
devillistes qui ont obtenu le plus de succès au théâtre,
et Désaugiers le regardait comme celui de tous qui faisait le mieux les couplets de pièces. Chansonnier sans
travail, mais aussi sans prétention, il était remarquable
par un talent d'allure vive et gaie. Brazier méritait d'être
aimé. Incapable d'envie, il rendait justice même à ceux
qu'il se voyait préférer. Les opinions légitimistes, qu'il
avait cru devoir adopter, ne le rendaient ni servile ni
intolérant, ce qu'on ne pourrait pas dire de tous ses
confrères du Caveau.

C'est là le temps des chansonnettes.
Oh ! le bon temps ! oh ! le bon temps !

Des airs que module une amie,
A vingt ans, naît plus d'un refrain.
Nos vers narguent l'Académie,
Nos plaisirs tout censeur chagrin.
La montre d'or paira nos dettes ;
Que sert de compter les instants ?
C'est là le temps des chansonnettes.
Oh! le bon temps ! oh ! le bon temps !

Chauve déjà, mais jeune encore[1],
Je me vois admis au Caveau.
Là tu fais d'une voix sonore
Applaudir maint couplet nouveau.
Moi, j'y chante un hymne aux grisettes,
Porte-bonheur de mon printemps.
Vive le temps des chansonnettes !
Oh! le bon temps ! oh ! le bon temps !

Je vois encor régner à table
Désaugiers, notre maître à tous ;
Bon convive si regrettable,
Trop fou des rois, mais roi des fous.
Coulez, bons vins, sautez, fillettes,
A sa voix que toujours j'entends.
Vive le temps des chansonnettes !
Oh! le bon temps ! oh ! le bon temps !

Moi, depuis, aux vieilles pagodes
J'adressai de vertes leçons.
Si l'on dit que j'ai fait des odes,
N'en crois rien : j'ai fait des chansons.
Est-ce leur faute, les pauvrettes,
Si leur père avait cinquante ans ?
Adieu le temps des chansonnettes !
Oh! le bon temps ! oh! le bon temps !

1. J'avais trente-trois ans.

Voisin, l'hiver n'ose t'atteindre :
Ton recueil charmant en fait foi.
Ma gaîté, qu'un rien vient éteindre,
Trouve à se rallumer chez toi.
Oui, grâce à ta muse en goguettes,
Grâce à tes refrains si chantants,
Je rêve au temps des chansonnettes.
Oh ! le bon temps ! oh ! le bon temps !

LE PHÉNIX.

Air :

Jadis, en des climats lointains,
Vivait, sur de fertiles plages,
Une république de sages,
Heureux des plus obscurs destins.
Le phénix vint sur l'autre rive.
Vite, à sa cour il les fit appeler.
Son héraut criait : Qu'on me suive !
Dépêchez-vous ; l'oiseau peut s'envoler.

Partout l'esclave galonné
Va disant : Mon maître a des ailes
A couver vingt peuples fidèles ;
Venez voir l'oiseau couronné.
Pas n'est besoin de vous l'apprendre,
Au bien de tous il aime à s'immoler.
S'il meurt, il renaît de sa cendre.
Dépêchez-vous ; l'oiseau peut s'envoler.

Nul ne bouge. Il ajoute encor :
Ne pas le voir serait dommage.
Rien d'aussi beau que son plumage,
Son bec de perle et ses pieds d'or.
Vrai soleil, sa riche couronne,
Sur vos moissons daignant étinceler,
Les mûrirait, Dieu me pardonne !
Dépêchez-vous ; l'oiseau peut s'envoler.

Un vieillard enfin lui répond :
Cesse, ami, tes vaines fanfares ;
Nous préférons, nous, vrais barbares,
A ton oiseau poule qui pond.
Pourtant il nous plaît fort entendre
Chanter linots, colombes roucouler.
Le chant du phénix est moins tendre :
C'est chant royal ; l'oiseau peut s'envoler.

Sache qu'en son bûcher fumant
Nos pères l'ont osé surprendre.
Qu'ont-ils découvert dans sa cendre ?
Hélas ! un cœur de diamant.
Tout être unique en son espèce
D'aucun amour n'a pouvoir de brûler.
Plaignez les rois, dit la Sagesse.
Nous les plaignons ; l'oiseau peut s'envoler.

LES FOURMIS.

AIR :

Quel bruit dans la fourmilière !
On s'assemble, on parle, on court.
Suivi d'une armée entière,
Le roi part avec sa cour.
Un avocat les inonde
De mots qui me sont transmis.
Conquérons, dit-il, le monde.
Gloire immortelle aux fourmis !

L'armée atteint dans sa marche
De fiers pucerons campés
Près d'un fétu qui fait arche
Sur deux cailloux escarpés.
Le roi dit : De leurs tanières
Chassons-les, braves amis.
Dieu combat sous nos bannières.
Gloire immortelle aux fourmis !

L'autre peuple a son Hercule,
Faux dieu qu'il invoque alors.
On va, vient, pousse, recule.
Ah! que de sang et de morts!
Les pucerons et leurs lares
En déroute enfin sont mis.
Exterminons les barbares.
Gloire immortelle aux fourmis!

Vite un bulletin détaille
Tous les exploits faits céans,
Proclamant cette bataille
La bataille des géants.
Reste à piller le royaume
Des vaincus *in extremis*.
Que de brins d'herbe et de chaume!
Gloire immortelle aux fourmis!

Un arc de triomphe en paille
Voit rentrer le roi vainqueur;
Et la foule, qui travaille,
A jeun, le salue en chœur.
Puis, un Pindare en extase
Lance une ode aux ennemis.
Les fourmis aiment l'emphase.
Gloire immortelle aux fourmis!

Tout enivré de sublime,
Le barde ajoute ces vers :
Des temps je franchis l'abîme;
Fourmis, à nous l'univers!
Nous saurons, que nul n'en doute,
Ce globe une fois soumis,
Des cieux nous ouvrir la route.
Gloire immortelle aux fourmis!

Tandis que l'auteur bravache
Vole aux Titans leurs projets,
Dans son urine une vache
Noie auteur, prince et sujets.

Le seul qui trouve un refuge
Veut qu'à sec Dieu se soit mis
Pour suffire à ce déluge.
Gloire immortelle aux fourmis!

LE BAPTÊME.

DIALOGUE.

AIR :

PREMIER CORSE.

Nous voilà sujets de la France,
Qui nous envoie un gouverneur.
Y gagnera-t-elle en puissance?
Y gagnerons-nous en bonheur?

DEUXIÈME CORSE.

De ce toit vois d'ici le maître,
Bonaparte, ami des Français.
Tandis qu'il aide à leur succès,
Un second fils lui vient de naître [1].

PREMIER CORSE.

Dans toute l'île une fête a donc lieu?

DEUXIÈME CORSE.

D'être à la France on y rend grâce à Dieu.

PREMIER CORSE.

On dispose ainsi de la Corse
Sans nous dire : Y consentez-vous?

1. Napoléon Bonaparte est né le 15 août 1769, jour de l'Assomption de la Vierge, peu de mois après le traité qui réunit définitivement la Corse à la France. Son père, Charles Bonaparte, avait d'abord été très-opposé aux Français; mais M. de Marbeuf finit par l'attacher à leur cause, qui était dans l'intérêt de cette île.

La règle des rois, c'est la force ;
Ont-ils parlé : peuple, à genoux.

DEUXIÈME CORSE.

Dieu le veut, comme il veut la joie
De ces époux qu'on vient fêter.
A l'église on va présenter
L'enfant qu'à leur cœur il envoie.

PREMIER CORSE.

Où va la foule, au pied de ce rempart ?

DEUXIÈME CORSE.

Voir de la France arborer l'étendard.

PREMIER CORSE.

Sur nous, qu'avait opprimés Gênes,
Un autre joug va donc peser !
Ce n'est pas à changer de chaînes
Que l'on apprend à les briser.

DEUXIÈME CORSE.

Voilà le baptême qu'on sonne :
Le cortége part triomphant.
Ce fils n'est pas leur seul enfant :
D'où vient tout l'espoir qu'il leur donne ?

PREMIER CORSE.

Par le canon, quoi ! ce jour est fêté !

DEUXIÈME CORSE.

Il sera cher à la postérité.

PREMIER CORSE.

La Corse étonnera le monde,
A dit un ami de nos droits [1].

---

1. J.-J. Rousseau, que les Corses avaient voulu charger de faire une constitution pour leur île.

Mais, s'il faut qu'un roi la féconde,
Qu'enfantera-t-elle? Des rois!

DEUXIÈME CORSE.

La mère, dame sage et bonne,
Sur son lit, le front incliné,
Par le jour où son fils est né,
Le recommande à sa madone.

PREMIER CORSE.

Les chants français troublent ville et faubourgs.

DEUXIÈME CORSE.

D'exploits futurs ces chants parlent toujours.

PREMIER CORSE.

Pourtant les Corses sont des braves.
Rome, la Rome des Césars,
N'osait en prendre pour esclaves.
Nous avions déjà des poignards.

DEUXIÈME CORSE.

On lui donne un patron sans gloire :
C'est Napoléon, m'a-t-on dit;
Mais, si le saint est sans crédit,
Le nom semble fait pour l'histoire.

PREMIER CORSE.

Chaque navire a pavoisé son bord.

DEUXIÈME CORSE.

Les Anglais seuls désertent notre port.

PREMIER CORSE.

En quoi l'âpre sol de cette île
Peut-il tenter un roi puissant?
Nos mains, sans le rendre fertile,
L'ont inondé de bien du sang.

DEUXIÈME CORSE.

Un carillon de bon augure
Reconduit l'enfant au logis.
Loin du sein, hélas ! tu vagis,
Pauvre petite créature !

PREMIER CORSE.

Que vois-je au loin, sur nos rochers déserts ?

DEUXIÈME CORSE.

Un jeune aiglon qui plane dans les airs.

PREMIER CORSE.

Quand l'ombre du manteau d'un maître
Passe entre le soleil et nous,
Qu'importe un enfant qui, peut-être,
Doit traîner sa vie à genoux ?

DEUXIÈME CORSE.

Ami, Dieu seul renverse et fonde.
Ne peut-il, lui qui la défend,
Donner à la France un enfant,
A cet enfant donner le monde ?

PREMIER CORSE.

Quel bruit soudain se mêle aux cris joyeux ?

DEUXIÈME CORSE.

C'est le tonnerre : il ébranle les cieux.

L'ÉGYPTIENNE.

AIR :

Descendez tous deux de monture,
Enfants, sous l'arbre du chemin.
Vous semblez Grecs par la figure :
Je veux lire dans votre main.

2

JOSEPH.

Seriez-vous la vieille Égyptienne [1]
Que notre évêque veut bannir ?

L'ÉGYPTIENNE.

Oui ; point de Corse qui ne vienne
M'interroger sur l'avenir.

NAPOLÉON.

Je veux la consulter, mon frère.

JOSEPH.

Garde-t'en bien : c'est un péché.
Allons plutôt vendre au marché
Les olives de notre mère [2].

L'ÉGYPTIENNE.

Voyons ta main, mon enfant, et crois-moi, (bis.)
Quand je dirais : Tu seras plus qu'un roi.

Les chevaux s'arrêtant d'eux-mêmes,
Voyez, dit-elle en souriant,
J'ai, pour braver les anathèmes,
Tous les secrets de l'Orient.
Malgré l'aîné, qu'elle intimide,
Le plus jeune, au regard altier,
S'avance alors : — Femme intrépide,
Vous avez vu le monde entier ?

L'ÉGYPTIENNE.

Oui, j'ai vu tout : ombre et lumière,
Enfer et ciel, morts et vivants.

1. On a souvent raconté qu'une Égyptienne avait prédit à Napoléon, jeune alors, les miracles de son immense
fortune ; on en a dit tout autant de l'impératrice José-
phine.

2. Madame Lætitia Bonaparte n'élevait sa nombreuse
famille qu'à force d'ordre et d'économie ; elle faisait
vendre les fruits de sa petite propriété, dont son fils
aîné, Joseph, partagea de bonne heure la direction avec
elle.

Dieu m'a crié : Comme les vents
Passe et n'emporte que poussière.
Voyons ta main, mon enfant, et crois-moi,
Quand je dirais : Tu seras plus qu'un roi.

NAPOLÉON.

En Égypte vous êtes née?

L'ÉGYPTIENNE.

Non; dans Moscou fut mon berceau.
La source, à Memphis couronnée [1],
Là vient se perdre obscur ruisseau.
De consoler ma race antique
Quels soins le sort n'a-t-il pas pris?
Dans tes déserts, jeune Amérique,
J'ai foulé d'antiques débris;
Et sur des monts de cendre humaine,
Dans l'Inde, lasse de marcher,
Je vins gémir sur un rocher
Inconnu, nommé Sainte-Hélène.
Voyons ta main, mon enfant, et crois-moi,
Quand je dirais : Tu seras plus qu'un roi.

NAPOLÉON.

Femme, que fait la métropole,
Ce grand Paris, notre fanal?

L'ÉGYPTIENNE.

Cette ville, que l'on croit folle,
C'est Brutus en habit de bal.
Là j'entendis, l'oreille à terre,
De profonds et sourds grondements.
Palais et temples, un cratère
Va s'ouvrir sous vos fondements.
Un ciel pur semble nous absoudre,

1. Parmi les Bohémiens ou Égyptiens règne une tra-
dition qui les fait descendre des anciens maîtres de
l'Egypte.

Chantait la cour dans ses ébats.
Le ciel est pur; mais c'est d'en bas
Qu'à présent partira la foudre.
Voyons ta main, mon enfant, et crois-moi,
Quand je dirais : Tu seras plus qu'un roi.

NAPOLÉON.

Je me fie à votre science;
Égyptienne, voici ma main.

L'ÉGYPTIENNE.

Que vois-je! O signes de puissance!
O labeurs du génie humain!
Muses, pour vous quelle épopée!
Législateurs, qu'il sera grand!
France, à l'œuvre! forge une épée
Pour cette main de conquérant.
Rois, pleurez vos orgueils de race;
Suivez-le, peuples haletants.
Moi, je tombe aux pieds dont le temps
Doit à jamais garder la trace.
J'ai vu ta main. O noble enfant! crois-moi,
Quand je te dis : Tu seras plus qu'un roi.

Aux paroles de la sibylle,
Le jeune homme silencieux,
Croise les bras, rêve, immobile :
Un éclair brille dans ses yeux.
A genoux reste l'Égyptienne,
Mais Joseph s'écrie, exalté :
Napoléon, qu'il te souvienne
De moi dans ta prospérité.
Afin de payer l'étrangère
Pour qui Dieu n'a rien de caché,
Frère, courons vendre au marché
Les olives de notre mère.

L'ÉGYPTIENNE.

J'ai vu ta main. O noble enfant! crois-moi,
Quand je te dis : Tu seras plus qu'un roi.

DE PROFUNDIS.

MON ANNIVERSAIRE A FONTAINEBLEAU.

AIR *des Amazones.*

Quitter Paris, quitter le monde,
C'est mourir, m'a-t-on dit cent fois.
Or, dans ma retraite profonde,
Je suis mort, du moins je le crois. (*bis.*)
D'un trépassé prenant le caractère,
Je tiens mon gîte aux indiscrets muré.
Me voilà donc comme à cent pieds sous terre. } *bis.*
De profundis! car je suis enterré.

Je vis en mort tranquille et sage
Dans ce coin qui me va si bien;
Espérant, moi qui sais l'usage,
Que l'oubli sera mon gardien.
Mais que de moi l'amitié se souvienne
Pour chaque nœud qu'avec vous j'ai serré.
A mon tombeau que souvent elle vienne.
De profundis! car je suis enterré.

Je conçois qu'on s'immortalise :
Pourtant cela devient banal ;
Et lettre d'ami, quoi qu'on dise,
Vaut mieux qu'article de journal.
Laissons la gloire apposer son paraphe
A maint brevet par des sots délivré;
Mes vieux amis, faites mon épitaphe.
De profundis! car je suis enterré.

Les morts ne se dérangent guères;
Venez donc sans deuil ni souci,
Narguant les larmoyeurs vulgaires,
Boire au défunt qui gît ici.
Plus ne m'arrive un soupir de colombe;

Plus un seul vers par Lisette inspiré.
L'amitié seule a des fleurs pour ma tombe.
De profundis ! car je suis enterré.

Pourtant, lorsqu'ici je m'enterre,
Ne me croyez pas devenu
Fou misanthrope ou sage austère,
Contre son siècle prévenu.
Avec le temps si mon esprit plus sombre
Voyait en noir, sous un ciel azuré,
Soyez, amis, indulgents pour mon ombre.
De profundis ! car je suis enterré.

De profundis ! criait Lazare,
Rêveur dans la tombe endormi,
Lorsque armé d'un pouvoir trop rare
Jésus réveilla son ami. (*bis.*)
Au bout de l'an, où tous je vous convie
Pour un service à bas bruit célébré,
Comme à Lazare, ah ! rendez-moi la vie. } *bis.*
De profundis ! car je suis enterré. }

LA PRISONNIÈRE.

AIR :

Platon l'a dit : l'âme est captive
Dans ce corps brut, obscur séjour,
Prison véritable où n'arrive
Que lentement l'éclat du jour.
Cette âme, en qui tout est mystère,
Souffrant du froid, souffrant du chaud,
Quand l'édifice sort de terre,
Sommeille au fond d'un noir cachot.

Tandis qu'elle languit dans l'ombre,
Nature tente un sourd travail,
Et fait poindre dans ce lieu sombre
Le jour douteux d'un soupirail.

A la lueur qui vient d'éclore,
Se créant un vaste horizon,
La pauvre âme longtemps encore
Se heurte aux murs de sa prison.

Mais enfin s'ouvre une fenêtre;
Elle s'y cramponne en riant.
Salut, printemps qui viens de naître!
Tout brille aux feux de l'Orient.
Ces bois si verts, ces eaux si belles,
Ces monts géants, l'homme en est roi.
Toutes ces fleurs pour moi sont-elles?
Tous ces fruits, seront-ils pour moi?

De la prison, d'abord si noire,
Le faîte devient radieux:
L'âme en fait un observatoire,
Et, de là, plonge dans les cieux.
Tant d'astres soulèvent les voiles
Du Dieu qui leur trace un chemin.
Je me noie en ces flots d'étoiles:
Dieu puissant, tendez-moi la main.

Mais l'automne touche à son terme;
Déjà le ciel s'est obscurci.
L'observatoire alors se ferme,
Hélas! et sa fenêtre aussi.
Quelque rayon, qui meurt bien vite,
Frappe encor des murs délabrés,
Puis du cachot, son premier gîte,
L'âme redescend les degrés.

Il en est ainsi pour la foule,
A l'âge de caducité.
Mais enfin la prison s'écroule;
L'âme s'envole en liberté.
De nouveaux fers Dieu la préserve!
Et j'ajoute à mon oraison:
Faites, mon Dieu, qu'elle conserve
Le souvenir de sa prison.

ADIEU PARIS.

AIR :-

Paris m'a crié : Reviens vite !
Sachons si ta voix a faibli.
Cesse au loin de vivre en ermite :
Reviens chanter, ou crains l'oubli.
J'ai répondu : Dans ta mémoire,
Paris, laisse mon nom périr.
En vain ton soleil fait mûrir
Grandeur, plaisir, richesse et gloire ;
Ici, l'écho me dit tout bas :
    Ne t'en va pas. (*bis.*)

Qu'en dites-vous, dans ce feuillage,
Oiseaux qu'aux temps froids je nourris ?
— Nous disons : Vive le village !
Connaît-on l'aurore à Paris ?
Elle entr'ouvre ici tes paupières,
Au chant des linots, des pinsons.
A nous tes dernières chansons ;
A toi nos chansons printanières.
Et puis l'écho redit tout bas :
    Ne t'en va pas.

Qu'en dites-vous, fleurs dont j'étanche
La soif au déclin des longs jours ?
— Que sagement ton front qui penche
A brisé le joug des amours.
Plein d'une tendre souvenance,
Cultive en paix nos doux présents ;
Nous garderons à tes vieux ans
Pour chaque jour une espérance.
Et puis l'écho redit tout bas :
    Ne t'en va pas.

Qu'en dites-vous, flots de la Loire,
Voisins du seuil cher à mes goûts ?

— Que dans leur cours fortune et gloire
Sont plus variables que nous.
Pour qu'en ton sein la peur redouble
Au moindre songe ambitieux,
Vois ce fleuve capricieux :
Plus il monte, plus il est trouble.
Et puis l'écho redit tout bas :
    Ne t'en va pas.

Qu'en dites-vous, vous qu'à mon âge
J'ose planter, arbres naissants?
— Que du soin mis à ce bocage
Tu nous verras reconnaissants.
Des maux d'autrui l'âme oppressée,
Quand tu rêveras dans ces lieux,
Grands alors, nous pourrons des cieux
Montrer la route à ta pensée.
Et puis l'écho redit tout bas :
    Ne t'en va pas.

Arbres et flots, oiseaux et roses,
Oui, je vous crois; adieu Paris.
Je m'amuse aux plus simples choses;
Quand je pense à Dieu, je souris.
Que me faut-il? Un peu d'ombrage,
Quelques pauvres pour me bénir;
Et, pour le long somme à venir,
Le cimetière du village.
Aussi l'écho redit tout bas :
    Ne t'en va pas. (bis.)

LE CHEVAL ARABE.

Air d'Angéline.

Mon beau cheval, oui je viens de te vendre,
Moi, pauvre et jeune, officier sans crédit,
A ce vieux juif qui va venir te prendre;
Oh! du destin c'est moi qui suis maudit !

Contre un peu d'or, hélas! c'est pour ma mère,
C'est pour mes sœurs que je vais t'échanger.
De mon chagrin si tu pouvais juger,
Tu pleurerais comme un coursier d'Homère.
Mon bel arabe, adieu! Sans toi, demain, ⎱ bis.
Ma noble mère irait tendre la main. ⎰

Mère adorée!... Ah! relisons sa lettre :
« Napoléon, nous qui faisions le bien,
» De notre toit le ciel vient de permettre
» Qu'on nous proscrive, et nous n'avons plus rien.
» Songe aux tourments qu'en secret je dévore;
» Pense à tes sœurs, à tes frères, à moi.
» Matin et soir nous prions Dieu pour toi.
» S'il te bénit, il nous protége encore [1]. »
Mon bel arabe, adieu! Sans toi, demain,
Ma noble mère irait tendre la main.

Je t'achetais, sur le port de Marseille,
D'un Levantin qui se promenait là.
Ton dos cambré, ton inquiète oreille,
Ton œil de feu, tout pour toi me parla.
Aux Mamelouks, cavaliers intrépides,
Des cheiks du Nil t'auront sans doute offert;
Ou, compagnon des chameaux du désert,
Tu reposas au pied des Pyramides.
Mon bel arabe, adieu! Sans toi, demain,
Ma noble mère irait tendre la main.

En te montant, que j'ai l'âme saisie
Du grand projet qui m'occupe toujours!
Cherchons, me dis-je, oui, cherchons en Asie
La gloire, un rang, des combats, des amours.

_____

1. En 1793, madame Lætitia fut obligée, avec toute sa famille, de fuir la Corse, où le parti français avait le dessous; elle se réfugia à Marseille dans un grand état de gêne, quoi qu'en aient dit quelques-uns de ses enfants, qui, sur ce point comme sur beaucoup d'autres, ne pensaient pas comme celui qui fonda leur fortune. Napoléon ne fit jamais mystère de ses temps de pauvreté.

Où Bagdad rampe, où régna Babylone,
Même aujourd'hui, le plus simple officier
Peut dire encor, n'eût-il que son coursier :
Tyran, à moi ta sultane et ton trône !
Mon bel arabe, adieu ! Sans toi, demain,
Ma noble mère irait tendre la main.

Que Dieu me donne un monde par la guerre,
J'en ferai part à mes frères chéris ;
Sous mon soleil, ton pied fera de terre
Surgir des rois à mes sœurs pour maris.
Je veux un règne à faire oublier Rome,
Dût-il finir par d'éclatants malheurs !
Ah ! je suis sûr qu'en me donnant des pleurs,
Le peuple alors s'écrirait : Le pauvre homme !
Mon bel arabe, adieu ! Sans toi, demain,
Ma noble mère irait tendre la main.

Tu hâterais ma course triomphale ;
Et je te vends quand l'Europe prend feu.
Notre Alexandre a vendu Bucéphale,
Diront ces chefs que je flatte si peu.
Mais vont s'ouvrir bien des routes nouvelles :
L'antique France a tremblé sous mes pas,
Pour me porter où d'autres n'iront pas ;
A ton défaut, je sens que j'ai des ailes.
Mon bel arabe, adieu ! Sans toi demain,
Ma noble mère irait tendre la main.

Moment fatal ! le juif est à la porte.
Ah ! qu'il te trouve un maître plus heureux.
Ma mère attend tout l'argent qu'il m'apporte,
Pour abriter ses enfants si nombreux.
Séparons-nous ; mais, va, tu peux m'en croire,
Si quelque jour, devenu général,
Je te rencontre, ô vaillant animal !
Je te rachète au prix d'une victoire.
Mon bel arabe, adieu ! Sans toi, demain, } *bis.*
Ma noble mère irait tendre la main.

MON JARDIN.

A LA GRENADIÈRE, PRÈS DE TOURS.

AIR :

Avec Dieu bien souvent je cause ;
Il m'écoute, et, dans sa bonté,
Me répond toujours quelque chose,
Qui toujours me rend la gaîté.

Bien triste, un jour, j'ose lui dire :
Je vois poindre mes soixante ans.
Des vers en moi le souffle expire :
De quelles fleurs parer le temps ?

Le vin rallume en nous la joie ;
Mais, bien que Dieu nous l'ait permis,
Que faire du peu qu'il m'envoie,
Loin de tous mes bons vieux amis ?

Plus d'amour dans l'hiver de l'âge.
Mon cœur en vains soupirs se fond ;
C'est le poisson qui toujours nage
Sous les glaces d'un lac profond.

Pour tes chants sérieux ou lestes
Crains l'oubli, m'a-t-on répété ;
Travaille et prépare à tes restes
Un parfum d'immortalité.

Mais je n'ai plus goût à l'éloge ;
Plus de voix pour rien chansonner.
S'il fait encor marcher l'horloge,
Le Temps ne la fait plus sonner.

Oui, le repos sur ce rivage,
Voilà mon lot. Mais que le ciel
M'accorde un des plaisirs du sage :
Au pauvre ermite un peu de miel !

Dieu bon, avec toi ma tendresse
De tout mot pompeux se défend ;
Dieu bon, pitié pour ma faiblesse !
Donne un jouet au vieil enfant.

J'ai dit : soudain je vois éclore
Dès fleurs, et ces fleurs fourmiller,
Où tous les brillants de l'aurore
S'enchâssent, viennent scintiller.

Sous ma main un râteau se place,
Le sol s'enrichit de présents.
De ce coin Dieu veut que je fasse
Le paradis de mes vieux ans.

Arbres et fleurs, prodiguez vite
L'ombre et les parfums dans ce lieu.
Oiselets, qu'une feuille abrite,
Célébrez la bonté de Dieu.

LA ROSE ET LE TONNERRE.

Air :

Chez les Grecs, conteurs de merveilles,
Quel sort ne m'eût-on pas prédit !
Lauriers d'Homère, et vous, abeilles [1],
Qui mettiez Platon en crédit ;
Lauriers, j'eus mieux que vos ombrages ;
Abeilles, mieux que votre miel :
Une rose et le feu du ciel
De mon destin ont été les présages ;
Une rose et le feu du ciel.

1, Homère fut, dit-on, trouvé au bord du fleuve Mélé-
sigène, sous un berceau de lauriers ; et des abeilles, dit-
on, aussi, déposaient leur miel sur les lèvres du jeune
Platon endormi. Je demande pardon à ces deux noms si
grands de les avoir rapprochés de celui d'un chansonnier.

Dans son sein j'essayais la vie,
Quand ma mère, au temps des frimas,
D'une rose eut, dit-on, l'envie.
Pour la reine on n'en trouvait pas.
Ce désir vain fut-il la cause
Du signe qui m'a couronné ?
Ah ! Dieu m'avait prédestiné !
Son doigt au front me peignit une rose [1] ;
Ah ! Dieu m'avait prédestiné !

Oui, sur ce front brille l'image
D'une rose, dont les couleurs
S'avivaient, lorsqu'en mon jeune âge
Avril aux champs semait ses fleurs.
Une dame à robe étoffée,
Baisant mon front, disait toujours :
Tu seras béni des amours.
Ces mots si doux me semblaient d'une fée :
Tu seras béni des amours.

Des trop longs pleurs de l'élégie
Je dus affranchir la beauté.
Amours, dans ma mythologie,
Dieu sourit à la volupté.
Je vous prophétise une autre ère :
La femme engendrera la loi.
Qu'elle soit reine où l'homme est roi.
Qu'en son époux Ève retrouve un frère ;
Qu'elle soit reine où l'homme est roi.

Mais aux doux chants ma voix sans doute
Devait mêler des sons plus fiers.
Vient un orage : enfant, j'écoute
Ce char qui roule armé d'éclairs.

1. Ma mère eut en effet le désir d'une rose dans le premier mois de sa grossesse, en plein cœur d'hiver. Mes vieux parents ne manquèrent pas d'attribuer à cette *envie* non satisfaite une espèce de rose colorée que je portais au front, mais que l'âge fit disparaître à plus de quinze ans ; la tante qui m'a élevé en retrouvait encore la trace au retour du printemps.

Sur moi du nuage qui crève
Le tonnerre tombe étouffant[1]..
Pourquoi pleurer le pauvre enfant?
Aux longs ennuis son bon ange l'enlève.
Pourquoi pleurer le pauvre enfant?

Hélas! le ciel me fait renaître.
Que voulait-il me présager?
Moi, né faible, j'aurai peut-être
De ses rois un peuple à venger.
Oui, des Français que j'encourage,
Les foudres sont près d'éclater.
Tremblez, Bourbons, je vais chanter.
J'ai fait, bien jeune, un pacte avec l'orage.
Tremblez, Bourbons, je vais chanter.

Ah! j'ai rempli ma destinée.
Adieu l'amour qui me soutint.
Dès longtemps la rose est fanée;
Le feu du ciel en moi s'éteint.
A la nuit, qui vient froide et noire,
Du foyer gagnons la chaleur.
Comme l'éclair, comme la fleur,
Meurent, hélas! amour, génie et gloire;
Comme l'éclair, comme la fleur.

AU GALOP!

Air: *Commissaire.*

Aimons vite,
Pensons vite;
Tout invite
A vivre vite.

1. Dans deux de mes chansons, j'ai déjà fait allusion à cette particularité de ma jeunesse. Une bonne éducation m'eût mieux valu que ces prétendus pronostics pour devenir un jour un homme remarquable, mais qu'on pardonne au rimeur de les avoir rappelés ici.

Aimons vite,
Pensons vite,
Au galop,
Monde falot !

Au galop, toujours, toujours,
Du fouet le Temps nous presse,
Sans respect pour la Sagesse,
Sans pitié pour les amours.
A cheval sur nos chimères,
Courant jusqu'au débotté,
Faisons, pauvres éphémères,
D'un jour une éternité.

Aimons vite, etc.

Patriarches, à loisir
Vous aviez le temps de vivre ;
Le temps de soigner un livre,
Un calcul, même un plaisir.
Vous offriez aux plus fières
Deux siècles de vœux constants,
Et donniez les étrivières
A des marmots de cent ans.

Aimons vite, etc.

Dieu nous a rogné le temps,
Lui qui taille en pleine étoffe.
Gare qu'une catastrophe
N'abrége encor nos instants !
En boutons cueillons les roses,
Verts encor les fruits nouveaux ;
Surtout ne faisons de pauses
Que pour changer de chevaux.

Aimons vite, etc.

Destin, de millions en tas
Fais-moi faire la trouvaille.
Destin me répond : Travaille.
Soit ! je vais mettre habit bas.
Pourtant un point m'importune :
Promets-tu de me donner

Six mois pour faire fortune,
Un an pour me ruiner?

     Aimons vite, etc.

Votre amour me ferait dieu;
M'aimez-vous, mademoiselle?
Soupirez un mois, dit-elle.
Un mois! c'est la mort. Adieu!
Viens, me crie une friponne,
Qui du temps sait mieux user;
Chaque baiser qu'on se donne
Peut être un dernier baiser.

     Aimons vite, etc.

La gloire à son hameçon
Voudrait m'arrêter en route;
Mais trop réfléchir me coûte:
Je m'en tiens à la chanson.
Quel bien veut-on que me fasse
L'honneur promis à mes os,
D'un marbre où mon nom s'efface
Sous les pieds de tous les sots?

     Aimons vite, etc.

Au galop donc mes amis,
Éphémères d'un vieux globe.
Au néant s'il se dérobe,
C'est qu'à courir il s'est mis.
Notre vie ainsi lancée
Ira, cent fois dans un jour,
De l'amour à la pensée,
De la pensée à l'amour.

     Aimons vite,
     Pensons vite;
     Tout invite
    A vivre vite.
     Aimons vite,
     Pensons vite,
     Au galop,
    Monde falot!

ASCENSION.

AIR :

Géant ailé, géant immense,
En rêve aux astres m'élevant,
Des soleils j'y vois la semence
Et ce que Dieu cache au savant.
Dieu donne aux anges qu'il préfère
Un instrument harmonieux,
Qui, résonnant sur chaque sphère,
La dirige à travers les cieux.

Notre soleil garde sa lyre ;
Sirius marche au son du cor ;
Sur Jupiter l'orgue soupire ;
A Saturne la harpe d'or.
Devant ces corps, masse infinie,
J'ai crié : Gloire au Créateur !
Plus ému de leur harmonie
Qu'effrayé de leur pesanteur.

Dans mon vol, sous mes pieds, qu'entends-je?
C'est le son triste d'un pipeau,
Qui mène au gré d'un tout jeune ange
L'un des corps nains du grand troupeau.
Petit globe, objet de risée !
On dirait, à le voir courir,
Du savon la bulle irisée
Qu'un souffle fait naître et périr.

Je demande à l'enfant céleste
Si c'est son jouet dans les cieux.
Énorme géant, sois modeste,
Dit-il ; regarde, et juge mieux.
Je me penche alors sur la boule,
Prêt à la prendre dans ma main.

Dieu! j'y vois s'agiter la foule
Que nous nommons le genre humain.

Ma confusion est profonde;
Est-ce donc là notre séjour?
— Oui, dit l'ange, voilà ce monde
Dont peu d'entre vous font le tour.
Ton œil y distingue sans doute
Ces monts qui sont géants pour vous,
Et votre océan, cette goutte
Qui suffit à vous noyer tous.

Quoi! notre gloire impérissable,
Nous la bâtissons là-dessus!
Mais qu'importe ce peu de sable
Où s'entassent nos vœux déçus?
Qu'importe en quelle étroite bière
Nos os tomberont de sommeil;
Aux mains de Dieu, grain de poussière,
L'homme pèse plus qu'un soleil.

Espère enfin, mon âme, espère;
Du doute brise le réseau.
Non, ce globe n'est pas ton père;
Le nid n'a pas créé l'oiseau.
J'en juge à l'effort de ton aile,
Qui s'en va les cieux dépassant;
Pour t'engendrer, noble immortelle,
Il n'est que Dieu d'assez puissant.

Soudain je rentre imperceptible
Au lit fangeux du fleuve humain.
Mais, quand d'un accent indicible
L'ange me dit: Frère, à demain!
La comète, horrible merveille,
De ce globe accroche l'essieu.
Du choc il tombe; je m'éveille,
Le jour brille, et je bénis Dieu.

L'AIGLE ET L'ÉTOILE.

Air :

A son étoile, à travers un nuage,
L'aigle s'adresse : On manque d'air ici ;
Cette île d'Elbe est une étroite cage.
Paris m'attend ; qu'il dise : Le voici !
Brille, et je pars. On manque d'air ici.

Reprends l'éclat des jours de ma jeunesse,
Lorsque le ciel n'écoutait que ma voix ;
Lorsqu'un grand peuple ivre de mon ivresse,
Riait vainqueur au nez de tous les rois.
Le ciel encor doit écouter ma voix.

Mais à ton feu ma foudre se renflamme ;
Oui, tu renais. De clocher en clocher,
Je vais voler jusqu'aux tours Notre-Dame.
Que le drapeau qui dort sur ce rocher
Vole avec moi de clocher en clocher.

L'aigle fend l'air. Le peuple, qui l'appelle,
Le voit de loin : Français, séchons nos pleurs.
C'est lui, c'est lui ! que son étoile est belle !
Il nous revient quand renaissent les fleurs.
Aigle du ciel, tu vas sécher nos pleurs.

Salut ! salut ! Notre amour te seconde.
Enfants, bonjour ! leur dit l'aigle en passant.
Soldats, bourgeois, paysans, tout un monde
Lui crie : A toi nos biens et notre sang !
Bonjour, bonjour, leur dit l'aigle en passant.

De son étoile, alors plus éclatante,
Le cours rapide éblouit tout Paris ;
Pour le vingt mars, la foule, dans l'attente,

Mêle à ses vœux des souvenirs chéris [1].
L'étoile heureuse éblouit tout Paris.

Rois alliés, que faites-vous dans Vienne?
Tous sont au bal après quinze ans de deuil [2],
Ne craignant plus que d'un coup d'aile il vienne
Éteindre encor leur joie et leur orgueil.
Ils dansent tous après quinze ans de deuil.

Mais sur leur front éclate la nouvelle :
Il revient! Dieu! Pâlissent tous les rois.
En vain l'orchestre au plaisir les appelle :
Sur les divans ils retombent sans voix.
Dieu! que ce bal a vu pâlir de rois !

Pourtant on rêve encore aux Tuileries;
Mais l'aigle frappe aux vitraux du palais.
Tout tremble alors, princes, grandeurs, pairies;
Fuyons à Lille; oui, fuyons à Calais.
Il frappe, il frappe aux vitraux du palais.

Le vieux Louis se dit : J'arrive à peine;
A peine a-t-on dételé mes chevaux,
Que dans l'exil il faut qu'on me remmène
Tendre la main à des secours nouveaux.
A peine a-t-on dételé mes chevaux.

Du trône enfin les rois savent descendre.
Ce prince est vieux; peuple compatissant,
Dût-il rentrer dans nos villes en cendre,
Les pieds rougis du plus pur de ton sang,
Laisse-le fuir, peuple compatissant.

L'aigle en triomphe a ressaisi son aire.
Mais quoi! soudain son étoile a pâli.
Pour lui déjà s'alourdit le tonnerre,
Et dans sa gloire il semble enseveli.
Malheur! malheur! son étoile a pâli.

1. Anniversaire de la naissance du roi de Rome.
2. C'est en effet pendant un bal de rois que se répandit
à Vienne la nouvelle du retour de Napoléon.

Cent jours passés, un Anglais sous sa voile
Voit tout sanglant tomber l'aigle abattu.
Le doigt de Dieu vient d'éteindre l'étoile ;
N'espère enfin, peuple, qu'en ta vertu.
L'étoile meurt, l'aigle tombe abattu.

SAINTE-HÉLÈNE.

AIR :

Sur un volcan dont la bouche enflammée
Jette sa lave à la mer qui l'étreint,
Parmi des flots de cendre et de fumée
Descend un ange, et le volcan s'éteint.
Un noir démon s'élance du cratère :
Que me veux-tu, toi resté pur et beau ?
L'ange répond : Que ce roc solitaire,
    Dieu l'a dit, devienne un tombeau.

Mais le démon : Cette île est mon Ténare.
Là j'espérais d'un déluge effrayant
Lancer les feux sur l'Argonaute avare
Qui par ici tenterait l'Orient.
Et l'envahir ! Une dépouille humaine
Souiller ces mers, vierges de tout vaisseau !
Jusqu'où le monde a-t-il poussé la haine,
    Qu'ici Dieu lui cache un tombeau !

Pour quel colosse éteint-on le cratère ?
Un roi sans doute, un héros hasardeux.
Tous ont de morts si bien jonché la terre,
Que place un jour doit manquer pour l'un d'eux.
De tant d'États au cercueil d'Alexandre
Ravirait-on jusqu'au dernier lambeau ?
—Les vents, dit l'ange, ont balayé sa cendre :
    Ce roi n'a plus même un tombeau.

L'autre repart : Quels restes de grand homme
Un jour ici seront donc déposés ?

En ce moment César tombe dans Rome
Sous les poignards à son sceptre aiguisés.
—Rome, dit l'ange, aura sa sépulture;
Mais, quand va naître un monde tout nouveau,
Les loups du Nord viendront chercher pâture
　　Sur les débris de son tombeau.

L'être infernal, alors baissant la tête,
Dit en soi-même : Est-ce donc pour celui
Qui, ralliant le monde en sa conquête,
Va lui donner une croix pour appui?
L'ange l'entend : Silence, esprit rebelle!
Il ne craint, lui, ni chacal ni corbeau;
Car, dans Sion, c'est moi, lampe fidèle,
　　Qui veillerai sur son tombeau.

Démon, écoute. Avant deux mille années,
Un conquérant, empereur des Gaulois,
Terminera d'immenses destinées
Sur cet écueil, à la honte des rois.
Pour le punir d'attarder dans sa route
L'humanité, qu'éblouit son drapeau,
Qu'il trouve ici, quoi qu'au ciel il en coûte,
　　Une prison et son tombeau.

Privé pour lui de ton trône de laves,
Sois son geôlier, prends des traits odieux;
Trouble ses nuits, resserre ses entraves;
Tiens de ses maux la coupe sous ses yeux.
Cet homme ainsi purifiant sa gloire,
Pour l'avenir redevient un flambeau;
Sur l'infortune achève sa victoire
　　Et des rois triomphe au tombeau.

Loin du démon, loin de ces tristes plages,
L'ange à ces mots revole aux pieds de Dieu,
Dont l'œil déjà voit à travers les âges
Le grand captif expirer dans ce lieu.
Quelques amis en pleurs sont venus prendre

De l'astre éteint le glorieux fardeau.
Dieu joint sa main aux mains qui vont descendre
Napoléon dans son tombeau.

LA LEÇON D'HISTOIRE.

AIR :

Le grand captif, à Sainte-Hélène,
Souffrant, promenait son ennui.
Un enfant, de fleurs la main pleine,
Pour le fêter court après lui.
Napoléon s'assied, l'embrasse :
Viens, lui dit-il en soupirant ;
Le mien, sans doute, a même grâce.
Viens sur mon cœur, fils de Bertrand.

— Mon fils, que te fait-on apprendre ?
— Sire, l'histoire ; et, ce matin,
Mon père en français m'a fait rendre
Sur Rome un passage latin.
— Et notre histoire, on l'abandonne !
Si grands qu'aient été nos aînés,
La France, enfant, vaut bien qu'on donne
Son lait de mère aux nouveau-nés.

— Oh ! sire, je sais notre histoire.
J'ai lu les Gaulois, nos aïeux ;
Les Francs ; Clovis et la victoire
Qui lui fait abjurer ses dieux.
Avant qu'il eût fondé le trône,
Combien j'admire, en ces temps-là,
Geneviève, qui fait l'aumône
Et sauve Paris d'Attila.

J'ai lu les Sarrasins d'Espagne,
Que Martel remplit de terreur ;
Les conquêtes de Charlemagne,
Salué dans Rome empereur ;

Philippe-Auguste et les croisades,
Et de fers saint Louis chargé :
Héros qui soigne les malades,
Roi qui pleure avec l'affligé.

— Mon fils, c'est le plus honnête homme
Qui d'un peuple ait dicté les lois.
Nomme à présent nos guerriers ; nomme
Les plus fameux par leurs exploits.
— Bayard, Condé, Guesclin, Turenne,
Sire ; mais ce qui doit toucher,
C'est Jeanne d'Arc, lorsqu'on la traîne
Pour mourir au feu d'un bûcher.

— Ah ! mon enfant, ce nom réveille
Le plus beau souvenir français.
De son sexe elle est la merveille
Dans les combats, dans son procès.
D'un ange éblouissant mirage,
Jeanne, échauffant tout de sa foi,
Fille du peuple, a fait l'ouvrage
Où succombaient nobles et roi.

Née aux champs, d'art et de science
Un rayon d'en-haut lui tint lieu ;
Oui, puisqu'elle a sauvé la France,
Sa mission venait de Dieu.
Faut-il une pure victime
Au salut des peuples souffrants ?
Dieu, pour ce dévoûment sublime,
Choisit une âme aux derniers rangs.

Honte et malheur à qui t'outrage,
Vierge, sœur des plus grands héros.
Que le ciel châtie en notre âge
Les Anglais, tes lâches bourreaux !
De leur orgueil ils vont descendre,
Et le Dieu dont la voix t'arma
Pour leurs fronts a gardé la cendre
Du bûcher qui te consuma.

5

Alors, oubliant qui l'écoute,
Il s'écrie : Anglais inhumains,
Comme elle, ici, bientôt sans doute,
Je sortirai mort de vos mains ;
Mais, pour braver vos sentinelles,
Pour fuir vos brutales clameurs,
Jeanne au bûcher trouva des ailes,
Et moi, depuis cinq ans je meurs !

L'enfant, à ces mots, fond en larmes ;
Le vieux soldat s'en attendrit.
— Près de nos geôliers sous les armes,
Vois ton père qui te sourit.
Cours le chercher ; ma force expire ;
Cours : c'est son bras qu'ici j'attends.
Hélas ! sans me voir lui sourire,
Mon fils pleurera bien longtemps.

IL N'EST PAS MORT[1].

AIR des Trois Couleurs.

A moi soldat, à vous gens de village,
Depuis huit ans on dit : Votre Empereur
A dans une île achevé son naufrage :
Il dort en paix sous un saule pleureur.
Nous sourions à la triste nouvelle.
O Dieu puissant, qui le créas si fort !
Toi, qui d'en haut l'as couvert de ton aile,
N'est-il pas vrai, mon Dieu, qu'il n'est pas mort ?

Lui, mort ! oh ! non. Quel tremblement de terre,
Quelle comète annonça son trépas ?

1. L'idée qui a fait faire cette chanson a bien longtemps régné au fond de nos campagnes et même parmi les classes ouvrières des villes. Peut-être même trouverait-on encore, dans quelque province, des individus qui conservent cette superstition populaire.

Croyons plutôt que la riche Angleterre
Pour le garder a manqué de soldats.
Les étrangers qu'épouvantait sa gloire,
Feignent en vain de déplorer son sort;
En vain leurs chants exaltent sa mémoire.
N'est-il pas vrai, mon Dieu, qu'il n'est pas mort?

Il partagea deux fois mon pain de seigle,
Et de sa main il m'attacha la croix ;
J'ai toujours vu, moi qui portais son aigle,
La mort en lui respecter notre choix.
Et des Anglais auraient cloué sa bière !
Et de sa tombe ils défendraient l'abord !
Et sous leurs pieds il deviendrait poussière !
N'est-il pas vrai, mon Dieu, qu'il n'est pas mort?

Nous, ses enfants, nous savons qu'un navire
A ses geôliers nuitamment l'a ravi;
Que, depuis lors, dans son immense empire,
Déguisé, seul, il erre poursuivi.
Ce cavalier de chétive apparence,
De la forêt ce braconnier qui sort,
C'est lui peut-être : il vient sauver la France.
N'est-il pas vrai, mon Dieu, qu'il n'est pas mort?

Mais dans Paris, parmi le peuple en fête.
J'ai cru le voir; je l'ai vu : c'était lui.
De la colonne il contemplait le faîte.
Ému, troublé, je cours; il avait fui.
Reconnaissant un vieux compagnon d'armes,
Si de ma joie il a craint le transport,
Pour se cacher ma joie avait des larmes.
N'est-il pas vrai, mon Dieu, qu'il n'est pas mort?

Un matelot, qui connaît l'Inde esclave,
Pour nous servir veut qu'il y soit passé.
Il mène au feu le Mahratte si brave,
Et des Anglais l'empire est menacé.
Courant, volant, foudroyant des murailles,
Oui, de l'Asie il revient par le nord.

Hélas! sans nous qu'il livre de batailles!
N'est-il pas vrai, mon Dieu, qu'il n'est pas mort?

Des nations chacune a sa souffrance:
Il manque un homme en qui le monde ait foi.
C'est lui qu'on veut; rends-le vite à la France.
Mon Dieu, sans lui je ne puis croire en toi.
Mais, loin de nous, sur des rochers funestes,
Dans son manteau si pour toujours il dort,
Ah! que son sang rachète au moins ses restes!
N'est-il pas vrai, mon Dieu, qu'il n'est pas mort?

MADAME MÈRE [1].

Air:

La noble dame, en son palais de Rome,
    Aime à filer; car, bien jeune, autrefois,
    Elle filait en allaitant cet homme
Qui depuis l'entoura de reines et de rois.
    Près d'elle, assise, est la vieille servante
    Qui, nouveau-né, le reçut dans ses bras.
Au bruit de leurs fuseaux elles disent : Hélas!
    Que la fortune est décevante!

    Madame attend un message de Vienne.
    Fils de son fils, elle te sait mourant.
    « A son chevet, point de mère qui vienne
» Veiller, prier, pleurer, dit-elle en soupirant.

1. Madame Lætitia Bonaparte, qu'au temps de l'Empire on appelait Madame Mère, habitait à Rome un palais, le seul qui ne fût pas illuminé lors des fêtes données par le pape à l'empereur François, père de Marie-Louise. Devenue presque aveugle, Madame s'occupait à filer, usage de sa jeunesse, m'a-t-on dit, et des femmes corses, même d'une condition élevée. Entourée du respect de tous, elle avait avec elle une vieille servante d'Ajaccio, qui l'avait aidée à élever ses nombreux enfants, et qui jouissait de l'intimité due à un si long attachement.

» J'ai vu la mort fuir aux cris d'une mère;
» Mais lui, né roi, le pauvre infortuné,
» A nos vainqueurs d'un jour otage abandonné,
 » Meurt de la gloire de son père!

» Sans cette gloire, ah! le père lui-même
» Vivrait encor, soleil de mes vieux jours.
» Un roi déchu, privé du diadème,
» Vingt ans et plus du sort peut rêver les retours;
» Mais de son char qu'un victorieux tombe,
» Soudain les rois, qui se prosternaient tous,
» Courent, sans prendre temps d'essuyer leurs genoux,
 » Du pied le pousser dans la tombe.

» Dieu l'éleva si haut, qu'un noir présage
» Saisit mon cœur pour ce fils bien-aimé.
» Dieu, disait-on, dans ce héros, vrai sage,
» Au vieux monde croulant donne un Messie armé.
» Mais, tout le temps de l'incessante lutte
» Où son génie étonna l'univers,
» Tremblante, je veillais, tenant les bras ouverts
 » Pour le recevoir dans sa chute.

» Napoléon, sous le toit de tes pères,
» Ton premier âge à flots purs s'écoula.
» Tu m'aimais tant! Ah! chéri de tes frères,
» Adoré de tes sœurs, que n'as-tu vieilli là!
» Là, de tes fils Dieu bénirait le nombre;
» J'y vois à peine, ils guideraient mes pas;
» Et là du moins nos pleurs (où ne pleure-t-on pas
 » Moins amers couleraient dans l'ombre.

» Ton fils, sans doute, en longues rêveries,
» Vers son berceau qu'entourait tant d'amour
» Revole encore, et dans les Tuileries
» Vois ses hochets mêlés aux splendeurs de ta cour.
» Bien jeune instruit par sa mère elle-même
» Que pour les rois il n'est pas de saints nœuds,
» Son cœur aura surpris des souvenirs haineux
 » Sur les lèvres de ceux qu'il aime.

» Vierge Marie, ah ! tenez lieu de mère
» A cet enfant qui m'a souri si beau.
» L'unique vœu de ma vieillesse amère,
» C'est à sa piété de devoir un tombeau.
» Et, s'il se peut, fils et Français fidèle,
» Sans être roi, ni vengeur, ni vengé,
» Que dans Paris un jour l'enfant rentre chargé
» De la dépouille paternelle. »

Mais on annonce un messager de Vienne.
« Madame, il pleure, il est vêtu de deuil. »
Elle sait tout. Il faut qu'on la soutienne;
Elle semble à genoux prier sur un cercueil.
« Pauvre orphelin, objet de tant d'alarmes, »
Dit-elle enfin après un long effort;
« Adieu ! l'enfant n'est plus ! Ah ! tout mon fils est mort,
« Hélas ! et je n'ai plus de larmes. »

Des simples chants que ton grand nom m'inspire,
Napoléon, c'est ici le dernier.
Républicain, s'il a blâmé l'Empire,
Sur ta chute et tes fers pleura le chansonnier.
Pour réveiller notre France abattue,
J'exaltai l'homme, et non le souverain.
Puisse la main du peuple incruster dans l'airain
Mon nom au pied de ta statue !

DIX-NEUF AOUT.

A MES AMIS.

Air :

Dix-neuf août ! Dieu, quelle date !
Mes chers amis, à jour pareil,
Je vins sur notre terre ingrate
Traîner cinq pieds d'ombre au soleil.
Voyant, à l'heure d'apparaître,
Mon bon ange saisi d'effroi,

Je fis bien des façons pour naître.
Mes amis, pardonnez-le-moi. (*bis*.)

Mon ange me prête main-forte ;
Mais un docteur aux bras de fer [1],
De mon gîte forçant la porte,
Je sors comme on entre en enfer.
Pour moi quels tourments vont donc suivre
L'épreuve où je viens d'être mis ?
Je crains déjà de longtemps vivre.
Pardonnez-le-moi, mes amis.

Mon bon ange alors me révèle
L'avenir qui m'est réservé :
Comme un pauvre joueur de vielle,
Je chante en battant le pavé.
Mon indigence est poursuivie,
On m'emprisonne au nom du roi.
J'hésite à mener cette vie.
Mes amis, pardonnez-le-moi.

Mon bon ange m'annonce encore
Pour mon pays de longs combats ;
Une liberté dont l'aurore
Se fond en brumes et frimas.
Un siècle naît, qui rien ne fonde ;
La gloire y tombe en désarroi.
Oh ! que j'ai regret d'être au monde !
Mes amis, pardonnez-le-moi.

Mais en riant j'aurais dû naître,
Si mon bon ange eût dit d'abord :
L'amitié viendra sur ton être
Verser l'oubli des maux du sort.
Moi dont elle a séché les larmes,

---

1. Ma mère souffrit pendant plusieurs jours avant de
me mettre au monde, et ne put être délivrée que par le
forceps, qu'on n'employait alors que dans les cas ex-
trêmes.

Moi qu'à son culte elle a commis,
J'aurais dû pressentir ses charmes.
Pardonnez-le-moi, mes amis. (*bis*.)

LES OISEAUX DE LA GRENADIÈRE [1].

Air :

Comme en ses vœux l'homme s'abuse !
Le ciel permet qu'en ce réduit,
Disais-je d'une voix qui s'use,
Mes derniers jours coulent sans bruit.
Et de ces murs le sort m'exile.
Adieu, fleuve, arbustes et fleurs,
Vous, de mes fruits joyeux voleurs,
Oiseaux qui charmez cet asile.
Oiseaux, adieu. Peuple heureux et chéri, ⎰ *bis*.
En vous créant l'Éternel a souri. ⎱

J'entends un oiseau me répondre :
« Ami, pourquoi t'affliger tant?
» Sur nous l'orage vient-il fondre,
» Un abri partout nous attend.
» Quand l'hiver, qui tout décolore,
» Dépouille jardins et forêts,
» Il reste encor quelques cyprès
» D'où nos voix réveillent l'aurore. »
Oiseaux, adieu. Peuple heureux et chéri,
En vous créant l'Éternel a souri.

« La pauvreté, sombre nuage,
» Bientôt, dis-tu, fondra sur toi.
» Jeune, tu bravais son passage;

1. La Grenadière, petite habitation sur les bords de
la Loire, vis-à-vis de Tours, décrite avec l'admirable talent qu'on lui connaît par M. de Balzac, qui y avait de-
meuré quelque temps avant moi. Le propriétaire de
cette agréable maisonnette, l'excellent M. de Longpré,
à qui il n'a pas tenu que j'y prolongeasse mon séjour, a
respecté les plantations qu'il m'avait permis d'y faire.

» Au soleil n'as-tu donc plus foi?
» Crois-nous, quelques routes nouvelles
» Que ton vol prenne en son essor,
» Si le nuage crève encor,
» Un rayon séchera tes ailes. »
Oiseaux, adieu. Peuple heureux et chéri,
En vous créant l'Éternel a souri.

« Tu nous as chanté, sous ces treilles,
» L'aigle expirant, captif des mers.
» Apprends d'infortunes pareilles
» A subir de communs revers.
» Va gaîment où le sort te pousse,
» A la ville ou dans un chalet;
» Pour ton nid, pauvre roitelet,
» Que te faut-il? Un peu de mousse. »
Oiseaux, adieu. Peuple heureux et chéri,
En vous créant l'Éternel a souri.

« La fin de tout, nul ne l'ignore.
» D'avance tu sauras quitter
» Ces rosiers qui sont près d'éclore,
» Ces arbres qu'on t'a vu planter.
» Lorsque à partir tu te disposes,
» Un corbeau te crie à l'écart:
» Pour parer les tombeaux, vieillard,
» Dieu partout a semé les roses. »
Oiseaux, adieu. Peuple heureux et chéri,
En vous créant l'Éternel a souri.

Oiseaux, merci! Rome fut sage
De vous consulter autrefois.
Je vais au plus prochain rivage
Vivre en un coin, sous d'humbles toits.
Ici, vous qui du vieil ermite
Picoriez en paix les raisins,
S'il a des arbres pour voisins,
Venez charmer son nouveau gîte.
Oiseaux, adieu. Peuple heureux et chéri, ⎱ bis.
En vous créant l'Éternel a souri. ⎰

LE MATELOT BRETON.

Air :

Les gais vendangeurs du village
Dînent à l'ombre, au bord d'un champ.
Passe un matelot qui voyage,
Pieds nus, et qui siffle en marchant.
— Jeune homme, que Dieu t'accompagne !
D'un amoureux tu vas le pas.
— Je suis enfant de la Bretagne,
Et ma mère m'attend là-bas.

—D'où viens-tu ? — Des rives du Gange,
Où j'ai failli périr au port.
Sauvé des flots par mon bon ange,
Des Anglais m'ont pris à leur bord.
Grâce à leur brave capitaine,
Prisonnier chez nous autrefois,
Je viens de voir dans Sainte-Hélène
Celui qui fait si peur aux rois.

A ces mots, découvrant leur tête,
Les villageois de crier tous :
— Quoi ! tu l'as vu ! Viens, qu'on te fête.
A sa gloire bois avec nous !
Revient-il ? Qu'attend-il encore ?
Sans berger, que peut le troupeau ?
A nos clochers quand donc l'aurore
Salûra-t-elle son drapeau ?

— Je ne sais pas ce qu'il médite ;
Mais le capitaine, au retour,
En découvrant l'île maudite,
S'écria : Quel affreux séjour !
Enterrer dans ce vieux cratère
Tant de génie et de valeur !

Enfants, respect à l'Angleterre ;
Mais aussi respect au malheur !

Comme il savait qu'en mon jeune âge
J'appris l'anglais sur un ponton,
Dans ce port, me dit-il, sois sage,
Et parle bas, petit Breton.
Là règne un monstre de police :
Crains qu'Hudson ne te voie errant.
Serpent venimeux, il se glisse
Jusqu'au nid de l'aigle mourant.

Mais au port, où je descends vite,
On m'indique un point au couchant
Que l'Empereur souvent visite.
J'y cours, j'y grimpe en me cachant.
Tapi sous un roc, là, j'espère,
Muni de pain pour quelques sous,
Voir passer celui dont mon père
Disait : C'est notre père à tous.

J'y reste en vain deux nuits entières.
Quand, désolé, je m'en allais,
S'élance d'arides bruyères
Un des plus jolis oiselets.
Sur ma tête il vole, il tournoie,
Mêle un cri doux à ses ébats.
Ah ! c'est le ciel qui me l'envoie ;
J'entends qu'il dit : Ne t'en va pas.

Dieu soit béni ! car, sur la route,
Dans un groupe aussitôt paraît
Un homme. Lui ! c'est lui, nul doute.
Où n'ai-je pas vu son portrait ?
J'en crois mon cœur qui bat plus vite,
Et l'oiseau, cet avant-coureur.
A genoux je me précipite,
En criant : Vive l'Empereur !

— Qui donc es-tu, brave jeune homme ?
Me vient-il dire avec bonté.

— Sire, c'est Geoffroy qu'on me nomme;
Je suis un Breton entêté.
Faut-il porter quelque parole
A vos amis ? J'y vais courir.
Même à la mort s'il faut qu'on vole,
Sire, pour vous je veux mourir.

— Français, merci. Que fait ton père ?
— Sire, il dort aux neiges d'Eylau.
Auprès de vous mon plus grand frère
Mourut content à Waterloo.
Ma mère, honnête cantinière,
Revint, en pleurant son époux,
Au pays où, dans sa chaumière,
Cinq enfants priaient Dieu pour vous.

— Peut-être est-elle sans ressource,
Dit-il ému; tiens, prends ceci;
Pour ta mère prends cette bourse :
C'est peu; mais je suis pauvre aussi.
Je baise la main qu'il me livre :
— Non, sire, gardez ce trésor.
Nous, toujours nos bras nous font vivre;
Pour vos besoins gardez cet or.

Il sourit, me force à le prendre;
Puis, du doigt m'indique avec soin
Comment au port il faut descendre,
Et des gardes me tenir loin.
— Ah! sire, que n'ai-je des armes !
Mais il s'éloigne soucieux;
Et longtemps, à travers mes larmes,
Je reste à le suivre des yeux.

Je rejoins sans mésaventure
Le vaisseau qui déjà partait.
Le capitaine, à ma figure,
Devina ce qui m'agitait.
Tu l'as vu, se prend-il à dire;
C'est bien. Tu prouves qu'aujourd'hui,

Plus que les grands de son empire,
Le peuple a souvenir de lui.

M'enviant un bonheur semblable,
Tout l'équipage m'admirait;
Et le capitaine à sa table
M'admit le quinze août, moi pauvret.
Combien je pris terre avec joie !
Sûr de dire en rentrant chez nous :
Mère, de l'or qu'il vous envoie,
L'Empereur s'est privé pour vous.

Avec plus de ferveur encore
Elle va prier Dieu pour lui,
Sachant quel climat le dévore,
Sachant ses maux et son ennui.
Six mois de plus d'un tel martyre,
Et peut-être sur ce coteau
Bientôt reviendrai-je vous dire :
Il n'est plus ; j'ai vu son tombeau.

Geoffroy se tait, et du village
Femmes et filles tout d'abord,
L'œil en pleurs, vantent son courage,
Et du captif plaignent le sort.
Les hommes sont émus comme elles :
Honneur, répètent-ils entre eux,
A qui nous donne des nouvelles
Du grand Empereur malheureux !

DAME MÉTAPHYSIQUE.

Air :

Un jour dame Métaphysique
Me dit : Petit rimeur, allons !
Prends un vol plus philosophique ;
Monte dans un de mes ballons.
Je suis la grande aéronaute,

Faisant paître au ciel mon troupeau.
Nous y tenons place si haute,
Que Dieu nous ôte son chapeau.

Jadis j'ai ravi bien des sages.
De Platon le ballon puissant
A transporté dans les nuages
Le christianisme naissant.
Et combien de docteurs modernes,
En ballon d'un vaste appareil,
Vont sans cesse, armés de lanternes,
A la recherche du soleil !

Vois-les tous battre la campagne,
A l'ouest, au nord, au sud, à l'est;
Vois-les inonder l'Allemagne
De tout le sable de leur lest.
En France, où pour ma gloire il règne
Des mansardes jusqu'aux salons,
L'éclectisme à prix d'or enseigne
L'art de diriger mes ballons.

La dame si bien m'ensorcelle,
Qu'en ballon je monte et je pars.
Un docteur conduit la nacelle.
Dieu ! nous voilà dans les brouillards.
L'obscurité plaît à mon guide ;
Mais moi, contre lui maugréant,
Je me vois, dans l'ombre et le vide,
Face à face avec le néant.

Bien plus: dans une nuit complète
Mille ballons vont se heurtant.
Quels mots à la tête on se jette !
Que d'énigmes à bout portant !
Notre esquif se brise à la lutte:
Nous tombons de tout notre poids.
Bonsoir ! Mon docteur, dans sa chute,
Fait de peur un signe de croix.

Je croyais, je ne puis le taire,
Jusqu'à Saturne avoir volé.
Je n'étais qu'à dix pieds de terre ;
Dans un bal je tombe essoufflé.
De fleurs, de femmes, de musique,
Enivré, je soupe en ce lieu
Chez un philosophe pratique,
Qui, le verre en main, bénit Dieu.

Sage, tirez-moi de l'impasse
Des modernes et des anciens.
Chante, dit-il, et dans la nasse
Laisse nos métaphysiciens.
Tout l'amas de leurs œuvres vaines,
Dont quelques fous vantent l'attrait,
Calmera toujours moins de peines
Qu'une chanson de cabaret.

PETIT BONHOMME.

A MON VIEIL AMI LAISNEY,

QUI M'ÉCRIVAIT : *PETIT BONHOMME VIT ENCORE*[1].

AIR :

Petit bonhomme vit encore.
Eh ! pourquoi ne vivrait-il pas,
Quand maint sot, quand mainte pécore,
Échappent cent ans au trépas ?
Envie et haine, il vous ignore ;
Fortune, il rit de tes appas.
Petit bonhomme vit encore.
Eh ! pourquoi ne vivrait-il pas ?

Il vit encor, petit bonhomme.
Eh ! pourquoi ne vivrait-il pas ?

1. Cette chanson n'est pas digne de l'impression,
mais je la garde comme le dernier souvenir d'une vieille
amitié.

S'il ne peut plus mordre à la pomme
Qu'Adam a greffée ici-bas,
Il n'en dort pas moins d'un bon somme,
N'en fait pas moins quatre repas.
Il vit encor, petit bonhomme.
Eh ! pourquoi ne vivrait-il pas ?

Petit bonhomme vit encore.
Eh ! pourquoi ne vivrait-il pas ?
Au Parnasse, dès notre aurore,
C'est lui qui m'a marqué le pas.
Qu'un siècle et plus sa voix sonore
Chante aux enfants leurs grands-papas !
Petit bonhomme vit encore.
Eh ! pourquoi ne vivrait-il pas ?

Il vit encor, petit bonhomme.
Eh ! pourquoi ne vivrait-il pas ?
Quand des hivers s'accroît la somme,
On rêve à ses jeunes ébats.
Plus d'un rayon réchauffe et dore
Le vieux pin chargé de frimas.
Petit bonhomme vit encore.
Eh ! pourquoi ne vivrait-il pas ?

LE TAMBOUR-MAJOR.

A UN JEUNE CRITIQUE.

AIR :

Eh quoi ! jeune et docte critique,
Vous recourez à mes avis !
Soit ! je prends le ton dogmatique,
Contre le faux goût je sévis.
Il se peut qu'au but je ramène
Quelque esprit las de ses écarts.

Maint aveugle a tiré de peine
Des gens perdus dans les brouillards [1].

Combien je hais la vaine pompe
De tous nos vers retentissants !
Faut-il qu'ainsi l'on te corrompe,
O langue si chère au bon sens !
Si tu subis la loi hautaine
De tous nos bruyants novateurs,
Bientôt Racine et La Fontaine
Auront besoin de traducteurs.

Notre muse dévergondée,
Refaisant le monde à l'envers,
Sous sa forme écrase l'idée,
De pluriels boursouffle ses vers.
Admirez ses monstres féroces,
Ses vésuves, ses océans ;
Ses héros, qui sont des colosses ;
Ses gloires, qui sont des néants.

L'art meurt où le goût dégénère.
Qu'un peuple ait reconquis ses droits,
Il étend son dictionnaire
Pour suffire à de libres voix.
Ce trésor commun nous défraie,
Mais n'y puisons qu'avec grand soin ;
N'altérons pas une monnaie
Que le peuple marque à son coin.

Notre langue aime le mélange
Du sublime et du familier,
Et, rebelle à tout luxe étrange,
Craint le pédant et l'écolier.
Pour l'éloquence elle a des armes,
Pour l'amour de tendres échos ;

---

1. Ce sont des aveugles qui souvent servent de guides
aux étrangers pendant les jours de brouillards, si sombres et si fréquents en Hollande.

Mais à qui veut tirer des larmes
Défend de torturer les mots.

Elle exige que la pensée
Règne partout sans faux atours.
Voyez cette foule pressée
D'enfants qu'attirent les tambours.
Là se carre un géant vulgaire,
Empanaché, tout cousu d'or.
Pour eux c'est le Dieu de la guerre :
Vive le beau tambour-major !

Mais observez ce petit homme,
Si simplement vêtu là-bas.
Sur la neige il faisait un somme
Quand marchaient ses nombreux soldats.
Il prend sa lunette, il regarde :
— C'est bien ; mes ordres sont remplis,
Dit-il. Faites donner ma garde.
Quel est ce lieu ? — Sire, Austerlitz !

Cet homme-là, c'est la pensée,
Sans vains ornements, sans grands mots ;
Par la gloire récompensée
Chez l'auteur ou chez le héros.
Qu'au bon sens la critique unie,
Des écrivains réglant l'essor,
Ne souffre plus que le génie
Se déguise en tambour-major.

L'OFFICIER.

Air :

Voilà les hussards ; viens, Rosette :
Devant la porte ils vont passer.
Ma sœur, viens ; j'entends la trompette ;
Tiens ! tiens ! les vois-tu s'avancer ?
Combien de brillants jeunes hommes !

Qu'ils laissent d'amours à Paris !
Nous, paysannes que nous sommes,
N'aurons point de si beaux maris !

Devant Rose, brune élancée,
Un jeune officier passe alors :
— Amis, voilà ma fiancée ;
Comptez, dit-il, tous ses trésors :
OEil vif, teint rosé, fine taille.
Oui, dans un an, à pareil jour,
Je l'épouse, si la mitraille
Permet de vivre à mon amour.

Ces mots d'un fou, dits au passage,
Tu les entends, car tu rougis,
Rose ; et, sans rien voir davantage.
Tu rentres rêveuse au logis.
Depuis, Rose à part soi répète
Ces mots qui lui semblent si doux ;
Et, chaque soir, sur sa couchette,
Pour l'officier prie à genoux.

Un an de rêves ainsi passe.
Le jour qu'il fixa brille enfin.
L'aube entrevoit Rose qui lace
Pour lui son corset le plus fin.
N'entend-on pas quelque bruit d'armes?
Elle écoute, sort, rentre, sort;
Attend, attend, et, toute en larmes,
A minuit s'écrie: Il est mort !

UNE IDÉE.

Air :

Des maux présents l'âme obsédée,
Je rêvais en vrai songe creux,
Quand devant moi passe une idée.
Une idée? Oui, bourgeois peureux.

Celle-ci, messieurs, jeune et belle,
Est faible encor; mais je prétends,
Si le bon Dieu prend pitié d'elle,
La voir grandir en peu de temps.

Je lui crie: Où vas-tu, pauvrette?
Maint gendarme t'attend là-bas;
Des mouchards la foule te guette;
Le commissaire suit tes pas.
—Tant de peine qu'on leur voit prendre,
Dit-elle, accroît l'espoir que j'ai:
Du peuple ils me font mieux comprendre;
C'est un commentaire obligé.

Moi qui suis vieux, pour toi je tremble;
On va te barrer le chemin.
Vois ces bataillons qu'on rassemble,
Ces escadrons le sabre en main.
—Bien mieux que tambours et trompettes,
Réveillant un cœur endormi,
Je passe entre les baïonnettes
Pour recruter chez l'ennemi.

Fuis, mon enfant; fuis, je t'en prie;
On détruira jusqu'à ton nom.
Vois-tu venir l'artillerie?
La mèche approche du canon.
— Peut-être aussi sera-t-il nôtre,
Ce canon qui fait ton effroi.
C'est un avocat comme un autre:
Il peut demain plaider pour moi.

Les députés t'ont prise en haine:
—Au plus fort ils donnent raison.
Les ministres forgent ta chaîne.
— Mes ailes poussent en prison.
Contre toi l'Église aussi gronde.
— A son encens j'aurai mon tour.
Les rois te bannissent du monde.
— Je me cacherai dans leur cour.

Mais soudain quel affreux carnage !
Partout du sang ! partout la mort !
La discipline ôte au courage
Le prix d'un héroïque effort.
C'est en vain. Plus forte et plus calme,
L'Idée, embrassant un tombeau,
Aux vaincus décerne une palme,
Et s'envole avec leur drapeau.

LA COURONNE RETROUVÉE.

AIR :

Bon Dieu ! que vois-je? une couronne
Dont chaque rose a plus de trente hivers;
Où, malgré l'orgueil qu'il nous donne,
Sèche un laurier peu respecté des vers.
C'est un débris du temps où ma naissance
Était fêtée, hélas ! comme un beau jour.
Ce laurier parlait d'espérance ;
Ces fleurs parlaient d'amour.

Quel souvenir de ma jeunesse
Le sort moqueur me fait là retrouver !
O jours de joie et de tendresse!
Nous n'étions rien; nous pouvions tout rêver.
Amis si gais, maîtresse folle et bonne,
Nul astre encore à mon œil n'avait lui
Quand vos mains tressaient la couronne
Qui m'attriste aujourd'hui.

Oui, ces fleurs ont paré ma tête
Dans un banquet d'enivrante gaîté.
Un seul de nous donnait la fête ;
Ami discret, doux à ma pauvreté.
Las! il n'est plus ; mais j'entends sa parole:
Chante, dit-il, tandis que nous passons.

Et sa belle âme un jour s'envole
Au bruit de nos chansons.

Et ces convives si fidèles
Au joyeux chant qui rend l'aï plus doux :
Que plus tard j'ai pris sous mes ailes,
Pensent-ils même à moi, qui pense à tous ?
Oiseaux charmants, au souvenir volage,
Tous sont épars, chacun dans son enclos.
Nous n'avons plus le même ombrage ;
Plus les mêmes échos.

Et la beauté tendre et rieuse
Qui de ces fleurs me couronna jadis ?
Vieille, dit-on, elle est pieuse ;
Tous nos baisers les a-t-elle maudits ?
J'ai cru que Dieu pour moi l'avait fait naître ;
Mais l'âge accourt, qui vient tout effacer.
O honte ! et sans la reconnaître,
Je la verrais passer !

Cette couronne si flétrie
Fut belle aussi le jour où je l'obtins.
Quelle âme est à ce point tarie,
D'être sans pleurs pour ses amours éteints ?
Aux longs regrets la mienne s'abandonne.
De mon bonheur unique et vain lambeau,
Ah ! que n'as-tu, pâle couronne,
Séché sur mon tombeau !

JE SUIS MÉNÉTRIER.

Air : *Eh ! ma mère, est-c' que j' sais ça !*

Pour adoucir de la vie
L'hiver sombre et rigoureux,
Au ménétrier j'envie
Son art qui fait tant d'heureux.
Je voudrais même aux guinguettes

Dire en faveur des amants :
Allons, gai ! dansez, fillettes ! } *bis.*
Laissez causer vos mamans.

Quand je vois de pauvres belles
Tout un soir lire ou bâiller,
Pour leurs cousins et pour elles
Mon talent saurait briller.
Plus que valses et fleurettes
Leur nuisent vers et romans.
Allons, gai ! dansez, fillettes !
Laissez causer vos mamans.

Miracle ! ma vieille lyre
Se transforme en violon.
Aux champs on vient me sourire ;
On me cajole au salon.
Combien j'ai d'anciennes dettes
A payer aux cœurs aimants !
Allons, gai ! dansez, fillettes !
Laissez causer vos mamans.

La gloire, mère égoïste
De fous à grand bruit vantés,
Tient compagnie assez triste
A ces vieux enfants gâtés.
Je préfère à ses trompettes
Le plus faux des instruments.
Allons, gai ! dansez, fillettes !
Laissez causer vos mamans.

Plaisir d'autrui me caresse,
Un archet me sert au mieux.
Déjà la folle jeunesse
Me pardonne d'être vieux.
Demoiselles et grisettes,
A vous mes derniers moments.
Allons, gai ! dansez, fillettes ! } *bis.*
Laissez causer vos mamans.

LES AILES.

DIALOGUE.

Air :

UN JEUNE HOMME.

Vieillard , trompant notre espérance,
Quoi! tu meurs, et meurs alité !
Il est donc faux que la science
T'ait doué d'immortalité?
De toi l'on contait des merveilles ;
Un prêtre, hier, disait encor
Que Satan, pour prix de tes veilles ,
T'avait donné deux ailes d'or.

LE VIEILLARD.

Mon enfant, ces ailes dorées,
C'est au destin que je les dois.

LE JEUNE HOMME.

Chacun, aux voûtes éthérées,
Veut t'avoir vu planer cent fois.
Oui, tu sais plus que nos vieux sages.
Sur ton passé rouvre les yeux.
Raconte-moi tous tes voyages ;
Apprends-moi le secret des cieux.

LE VIEILLARD.

L'homme qui s'adapte ces ailes
Jamais ne se reposera.
Il lassera les hirondelles ;
Plus haut que l'aigle il plongera.
Tenter leur élan solitaire
Fut un projet qu'en vain je fis.
Ma mère avait besoin sur terre,
Pauvre aveugle, du bras d'un fils.

Elle mourut ; mais mon Isaure,
Qui charma ses derniers moments,
M'apprit qu'un chaume qu'on ignore
Vaut un monde pour deux amants.
Dans nos jeux je demandais grâce,
Lorsque Isaure, au souris vermeil,
A ces ailes faisait menace
De m'attacher dans mon sommeil.

Notre bonheur s'accrut dans l'ombre ;
Car, sous ces bosquets de jasmin,
De vrais amis, en petit nombre,
Accouraient nous presser la main.
Plaisirs partagés sont fidèles.
Aimer, aimer, fut notre loi ;
Et j'ai laissé dormir les ailes
Qui ne pouvaient ravir que moi.

Enfin, né voisin d'une classe
Où pullulent les malheureux,
J'aidais à remplir leur besace ;
J'allais jusqu'à glaner pour eux.
Perdus dans vingt sentiers contraires,
Ils se guidaient à mon flambeau.
Ces infortunés sont mes frères :
Je dois partager leur tombeau.

LE JEUNE HOMME.

Quoi ! pour fuir ce globe de fange,
Tes ailes ne t'ont point servi !
Et contre toi, vieillard étrange,
L'ire du ciel n'a pas sévi !
Lègue-moi ces ailes sublimes,
Et jusqu'à Dieu mon vol atteint ;
Dussé-je, aux célestes abîmes,
Mourir sur un soleil éteint.

LE VIEILLARD.

J'ai jeté d'une main prudente
Ces ailes au feu d'un brasier,
Et mis leur cendre fécondante
Au pied d'un jeune cerisier.
De mes jours je vais rendre compte ;
Le Très-Haut me sourit enfin.
Adieu ! Dans son sein je remonte
Sur les ailes d'un séraphin.

LE CHASSEUR.

AIR :

Petits oiseaux, que j'aime entendre
Vos concerts dans ces houx épais !
Votre chanson, joyeuse ou tendre,
Est pour mon cœur l'hymne de paix.
Mais craignez les lacs qu'on peut tendre :
Le bonheur fait tant de jaloux !
Taisez-vous, oiseaux, taisez-vous.

Vient un chasseur ; son pas redouble.
Malgré ses chiens, point de gibier.
S'il allait de son fusil double,
Faute de mieux, vous foudroyer.
Ah ! maudit soit l'homme qui trouble
L'écho que vous rendez si doux.
Taisez-vous, oiseaux, taisez-vous.

Rien n'arrête des mains cruelles.
Las ! J'ai vu des chasseurs, un jour,
Abattre au vol deux hirondelles
Dont je saluais le retour.
Vos chansons attendriront-elles
L'enfant qui s'arme de cailloux ?
Taisez-vous, oiseaux, taisez-vous.

Charmants oiseaux, connaissez l'homme.
Qu'il soit boucher, soldat, chasseur,
Il fusille, il sabre, il assomme,
Et trouve au sang de la douceur.
Les moins cruels sont ceux qu'on nomme
Bourreaux ; soit dit bien entre nous.
Taisez-vous, oiseaux, taisez-vous.

Bon Dieu ! c'est le chasseur qui tire !
Il blesse à l'aile une perdrix.
Son chien la prend ; pauvre martyre !
Le chasseur, que gênent ses cris,
Lui brise la tête ; elle expire.
Ce soir il médira des loups.
Taisez-vous, oiseaux, taisez-vous.

Il s'éloigne. Son œil avide
Voit un chevreuil au bord du bois.
A l'abri de l'arme perfide,
Laissez éclater votre voix.
Mais si demain, le carnier vide,
Il passe encor près de ces houx,
Taisez-vous, oiseaux, taisez-vous.

LA RIVIÈRE.

AIR :

Où cours-tu, rivière amoureuse ?
—Je cours au pied des rocs penchants
Fournir une herbe vigoureuse
Aux troupeaux, nourriciers des champs.

Puis, où va ton onde limpide ?
—Sur un sol qu'épuise l'été ;
Au gré du travail qui me guide,
J'épanche la fécondité.

Puis, avant d'être navigable,
Sur les grains et sur les métaux,
Je fais, d'un bras infatigable,
Mouvoir la meule et les marteaux.

— Parle donc, naïade charmante,
Des soirs où, dans tes flots chéris,
Vient se jouer ma noble amante,
Nymphe aux champs, déesse à Paris.

Qu'importe et moulins et culture,
Et troupeaux, quand, sous ces lilas,
De la céleste créature
Les flots caressent les appas !

La voici. Que mon luth fidèle
La chante au doux bruit de tes flots.
Ne les épanche que pour elle ;
Prête à ma voix tous tes échos.

Aux vils travaux de notre terre
Cesse enfin de livrer ton cours ;
Plus pure, enivre et désaltère
La poésie et les amours.

Qui parle ainsi ? C'est l'âme folle
D'un poëte qui, dans ce lieu,
Oublie aux pieds de son idole
Ceux qui travaillent devant Dieu.

LA SIRÈNE.

Air :

Les flots sommeillent au rivage ;
Au ciel brille un beau soir d'été.
Plus de bruit, tout dort sur la plage,
Le vent, le travail, la gaîté.
Du sein de l'onde un mot surnage,

Mot que la nuit fera redire au jour :
Amour ! amour ! (*bis.*)

Qui dit ce mot? C'est la Sirène
Guettant sa proie au bord des eaux.
Malheur à celui qu'elle entraîne
Jusqu'à sa couche de roseaux !
Déjà, pas à pas, sur l'arène,
D'elle s'approche un bel adolescent,
 En rougissant.

Accours, dit-elle, amour me presse;
Pour tous les cœurs j'ai des échos.
A moi d'enhardir la jeunesse;
Je te soutiendrai sur les flots.
Échappe au mors de la sagesse,
Qui ceint le front de ses enfants blafards
 De nénufars.

L'Amour fait scintiller les ondes
Où nous folâtrons sans souci.
Combien, dans nos grottes profondes,
Tombent, qui nous disent : Merci !
C'est dans le plus joyeux des mondes
Que va te luire un éternel été
 De volupté.

Goûte aux plaisirs qu'on nous envie;
Caresse mon sein palpitant;
Chez vous quelle âme est assouvie?
Vos feux n'échauffent qu'un instant.
La vie, enfant, la douce vie
N'est parmi nous, qui savons l'attiser,
 Qu'un long baiser.

L'adolescent plonge dans l'onde.
Qui l'a revu? Nul depuis lors.
Mais qu'au soir la Sirène immonde
Chante encor l'amour sur nos bords,
Une voix, qui n'est plus du monde,

Crie aux passants, saisis, tremblants d'effroi :
Priez pour moi. (*bis*.)

LES BOIS.

Air :

Je crains la foule qui se presse :
Je tremble à ses milliers de voix.
Une fée a, dès ma jeunesse,
Conduit mes rêves dans les bois.
Là, mon cœur, pris de peine amère,
A l'espérance était rendu,
Comme un oiselet que sa mère
Reporte au nid qu'il a perdu.

Sous nos toits mon âme étouffée,
Hors de Paris cherchant de l'air,
A Meudon reçut d'une fée,
Moi jeune encore, un don bien cher.
Pauvre et brûlé de longues fièvres,
A l'ombre j'y rêvais un jour,
Quand la fée humecta mes lèvres
De chants de plaisir et d'amour.

Fontainebleau, forêt splendide,
Que je fus riche en parcourant
Avec ma fée au vol rapide
De tes rois l'ombrage odorant !
Aux princes la cour et ses pompes;
Mais ces bois, à qui donc? — Au roi.
— Au roi ! Non, garde, tu te trompes :
Tous ces beaux arbres sont à moi.

Boulogne, au déclin de mon âge,
Je viens revoir tes verts abris.
Victime de plus d'un orage,
De vains regrets je m'y nourris.
Vers moi la fée accourt encore;

A mes maux elle ôte leur fiel,
Et fait briller comme l'aurore
Dans mes pleurs un rayon du ciel.

Je viens te consoler, dit-elle;
Forme un souhait, fût-il d'amour.
— C'est le sommeil, chère immortelle,
Qu'on demande au soir d'un long jour.
— Voudrais-tu que je t'enrichisse?
— Non; l'ennui pourrait m'assaillir.
— Veux-tu que je te rajeunisse?
— Non; je craindrais trop de vieillir.

Je veux un tout petit domaine
Pour y planter de beaux couverts;
Pour qu'un vieil ami s'y promène
A l'ombre, en me lisant ses vers.
Jusqu'au ciel mes arbres atteignent
Bien vite; et, dans leurs gais penchants,
Mille oiseaux, chaque jour, m'enseignent
Comment meurt le bruit de nos chants.

A mes vœux elle va se rendre;
Je l'arrête. O rêve insensé!
Sais-je si j'ai le temps d'attendre
Qu'un rosier même soit poussé!
Ces bois m'offrent un dernier gîte.
Au vieillard, las de son fardeau,
Sous ce tremble qu'un souffle agite,
Bonne fée, élève un tombeau.

LE MERLE.

Air:

Au printemps, sous un vaste ombrage
Où murmuraient de frais ruisseaux,
Je pris ma flûte de roseaux,
Présent magique d'un vieux sage.

A sa voix, un peuple d'oiseaux
Vint m'entourer de son ramage.

Ils sautaient,
S'ébattaient,
Coquetaient
Et chantaient,
Chantaient,
Chantaient.

Rossignols, loriots, fauvettes,
Merles, bouvreuils, linots, pinsons,
Cédant au pouvoir de mes sons,
Tous, jusqu'aux folles alouettes,
Venaient, pour prix de leurs chansons,
De mon pain becqueter les miettes.
Ils sautaient, etc.

J'avise un merle qui babille :
Merle, pourquoi fuyiez-vous tous,
Quand moi, bonhomme, auprès de vous
Je me glissais dans la charmille ;
Moi, qui trouve vos chants si doux,
Qui suis presque de la famille ?
Ils sautaient, etc.

Dieu donna l'air, la terre et l'onde,
Dit le merle, aux seuls animaux.
Nous y vivions exempts de maux ;
Mais chaque race trop féconde
Poussa tant et tant de rameaux,
Qu'on étouffa dans ce bas monde.
Ils sautaient, etc.

Dieu s'y prit en père économe :
C'est trop de bêtes à la fois.
A quelqu'un transmettons mes droits ;
Que, sanguinaire et gastronome,
Il en tue au moins deux sur trois.
Parlant ainsi, Dieu créa l'homme.
Ils sautaient, etc.

Depuis lors, rois de la nature,
Nous vous fuyons épouvantés
Pour nos jours et nos libertés.
De tout grain vous faites mouture;
Souvent même à vos majestés
Le rossignol sert de pâture.
  Ils sautaient, etc.

Merle, oublions nos droits contraires,
Dis-je, et, grâce à mon talisman,
Aimez-moi, je suis bon tyran,
Sans souci de vos lois agraires.
Ne me fuyez plus, croyez-m'en :
Oiseaux et poëtes sont frères.
  Ils sautaient, etc.

A ces mots, mâles et femelles
Me viennent baiser à qui mieux;
Le merle criant : Ce bon vieux
Nous fera des chansons nouvelles.
Pour qu'il s'élevât jusqu'aux cieux,
Dieu lui devrait donner des ailes.

  Ils sautaient,
  S'ébattaient,
  Coquetaient
  Et chantaient,
   Chantaient,
   Chantaient.

LA JEUNE FILLE.

CHANSON IDYLLE.

Air :

D'où naissent mes tourments? Dieu veut-il que je meure,
A quinze ans, grande et belle, en de vagues ennuis?
Je dors sans reposer; je m'éveille et je pleure;
Mon front révèle au jour le trouble de mes nuits.

4*

Au lieu du long sommeil si paisible à mon âge,
J'ai des songes confus où je me sens brûler.
Ils sont en vain pour moi d'un funeste présage :
Je n'y puis rien comprendre et je n'ose en parler.

J'ai perdu cet éclat dont s'enivrait ma mère,
Qui n'a que ses baisers pour calmer ma douleur.
Mais pourquoi les vieillards me plaindre avec mystère?
Pourquoi les jeunes gens rire de ma pâleur?

Je rêve, et nul objet n'occupe ma pensée;
Toujours quelque frayeur sur mes sens vient agir.
Le coupable a-t-il donc l'âme plus oppressée?
Un coup d'œil m'embarrasse, un mot me fait rougir.

A l'église où je cours, ma main souvent oublie
L'eau qui peut de l'enfer conjurer les desseins;
Mêlée aux voix du chœur, ma voix meurt affaiblie,
Et j'écoute en pleurant chanter les hymnes saints.

Bien que dans ses apprêts la parure me pèse,
Suis-je parée enfin, je voudrais l'être mieux;
Et je sens que mon cœur a besoin que je plaise,
Sans trouver doux pourtant de plaire à tous les yeux.

Pour mes oiseaux chéris je n'ai plus de caresses;
Je néglige mes fleurs, je repousse mon chien.
Verrai-je ainsi finir mes premières tendresses?
Dieu m'a-t-il condamnée à ne plus aimer rien?

Mais voici l'étranger dont la voix est si tendre.
Hier, sous la feuillée, il a suivi mes pas.
Seul, il chante et soupire. Approchons pour entendre
Si du mal que j'éprouve il ne se plaindrait pas.

LES GAGES.

CONTE ARABE.

Air :

Dans Bassora, séjour perfide,
De trop d'amis environné,
Ben-Issa, cœur bon et candide,
Un jour s'éveilla ruiné.
Le peu qui lui reste, il le donne.
Un vieil aveugle en son chemin
L'implore ; Issa lui fait l'aumône,
Qu'il ira demander demain.

C'était dans le temps des génies ;
Voilà bien trois cents ans de ça.
L'un d'eux, connu par ses manies,
Moch, aux yeux verts, aimait Issa.
Pourtant, soit caprice ou système,
Issa n'en peut obtenir rien
Que pour obliger ceux qu'il aime ;
Même il y doit mettre du sien.

Qu'importe Moch et ses richesses !
Son seul espoir, Issa l'a mis
Dans ceux qu'il combla de largesses ;
Mais le temps passe, et plus d'amis.
Seul accouru, Maleck demande
Qu'à son aide Issa vienne encor :
Par le cadi mis à l'amende,
Il lui faudrait huit bourses d'or.

« Issa, dit-il, crains l'indigence ;
» Recours à Moch dans nos revers. »
Et Ben, toujours pris d'obligeance,
Crie : A moi, génie aux yeux verts !
Moch apparaît, prend le langage
D'un juif et dit : « Ben, tu sauras

» Que je prête à qui m'offre en gage
» OEil ou dent, jambe, oreille ou bras.

» Sans douleur, sans fièvre ni plaie,
» D'un mot j'extrais mes répondants.
» Ton compte est fait d'avance; paie.
» Huit bourses d'or valent huit dents.
» — Huit dents! c'est tout ce qu'il m'en reste.
» — Qu'en peut faire un garçon rangé?
» Ton menu devient fort modeste;
» D'ailleurs, tu n'as que trop mangé.

» Allons! viens, que je les arrache.
» C'est fait! » Et le brave édenté
Donne à Maleck l'or, et lui cache
Les besoins de sa pauvreté.
De ce marché le bruit opère:
Près d'Issa les ingrats qu'il fit
Reviennent tous. Chacun espère
Le mettre en gage à son profit.

Moussa, qui trafiquait en Perse,
Perd son vaisseau sur un écueil.
Pour remettre à flot son commerce,
A Moch Ben-Issa livre un œil.
Hassan va marier sa fille :
Sans dot, comment la présenter?
On flatte Issa dans la famille;
Il donne un bras pour la doter.

Pour Husseim, qui veut d'esclavage
Racheter deux fils qu'il pleura,
Issa met une jambe en gage :
Sur ses amis il s'appuira.
Mais laissera-t-on à cet homme
Rien de son corps ayant valeur?
Sauvez de leurs mains quelque somme,
Les ingrats criront au voleur.

Tous quatre on les entend se dire :
Que faire d'un borgne impotent?

Voyez le dégoût qu'il inspire.
Il faut le saluer pourtant.
— Ah! dit Maleck, j'ai l'espérance
Que, grâce à moi, dès aujourd'hui,
Sans lui faire la révérence,
Nous pourrons passer devant lui.

Il court, il crie : « Issa, mon père!
» Ma femme a d'horribles douleurs.
» Prières ni soins, rien n'opère;
» Mes yeux s'éteignent dans les pleurs.
» Je sais un remède et la dose
» Qui sauva la vie au sultan;
» Mais d'or potable il se compose
» Et de perles plein mon turban. »

Ben-Issa promet ses oreilles.
Moch aux yeux verts vient et prétend
Qu'un prêt de richesses pareilles
Veut un gage plus important.
« S'il vous donnait cet œil qui brille, »
Dit Maleck. Mais l'estropié
Refusa net : « Par ma béquille!
» Est-ce trop d'un œil pour un pied? »

« — Ah! pour cet œil sauve ma femme!
» Près de toi ne m'auras-tu pas?
» Jusqu'à la Mecque, oui, sur mon âme,
» Je jure de guider tes pas. »
L'œil est donné. Prenant la somme,
Tout chargé d'or Maleck s'enfuit;
S'enfuit et laisse le pauvre homme
A tâtons errer dans sa nuit.

« Tu vas tomber dans la rivière! »
Crie un passant; « j'en ai pâli.
» Issa, privé de la lumière!
» Je te tiens! Viens, je suis Ali;
» Ali, ton compagnon de classe;
» Des jongleurs le plus gai, dit-on.

» Il t'offre part à sa besace ;
» Il te servira de bâton. »

Contre son cœur Issa le presse.
Dieu ! voilà son bras rétabli !
Sa jambe et ses dents ! quelle ivresse !
De ses deux yeux il voit Ali.
Même il voit les pâles visages
Des quatre amis au cœur affreux,
Privés chacun de l'un des gages
Que naguère il donnait pour eux.

Dans l'air apparaît le Génie :
« Mon fils, jouet de ces ingrats,
» Vois leur méchanceté punie ;
» A toi l'or que tu leur livras.
» Qu'au bon Ali cet or profite ;
» Vous vieillirez ensemble. Adieu !
» Faire le bien à qui mérite,
» C'est mériter deux fois de Dieu. »

Le couple heureux, l'âme attendrie,
Des quatre infirmes demi-nus
S'éloigne, et Ben-Issa s'écrie :
« Ah ! que de pleurs j'ai retenus !
» Ali, porte-leur en cachette
» Du riz, du miel et des habits.
» Qu'ils s'amendent ! Par le Prophète
» Caillou touché devient rubis. »

LA TOURTERELLE ET LE PAPILLON.

AIR :

LA TOURTERELLE.

Vous gémir, papillon charmant !
D'où vous peut venir la tristesse ?
Nature avec délicatesse
Vous brode un si beau vêtement !

Des plaisirs vous êtes l'emblème.
Près de la rose qui vous aime,
Vous gémir, papillon charmant !

LE PAPILLON.

Tourterelle, chère aux amours,
Hélas ! j'ai perdu mon amie :
Un enfant l'a prise endormie
Sur un lis, et voilà trois jours.
Tout m'est deuil, deuil sans espérance.
Qui sent mieux que vous ma souffrance,
Tourterelle, chère aux amours ?

LA TOURTERELLE.

Beau papillon, consolez-vous :
Vous plairez à d'autres amantes.
Les tourterelles sont aimantes,
Mais sans excès pour leurs époux.
Si l'un part, d'un autre on s'affole.
Meurt-il, on pleure et l'on convole.
Beau papillon, consolez-vous.

LE PAPILLON.

Tous deux ensemble étions éclos ;
Ensemble avions pris la volée.
Tous deux allant par la vallée,
Par les champs, les prés, les enclos ;
Dans l'air nous nous touchions de l'aile.
Je ne sais pas vivre sans elle.
Tous deux ensemble étions éclos.

LA TOURTERELLE.

Quoi ! les papillons sont constants !
Et c'est nous qu'on prend pour modèles !
Même, il se peut qu'ils soient fidèles :
Le papillon vit peu d'instants.

Fiez-vous donc aux vieux adages !
Les tourterelles sont volages,
Et les papillons sont constants [1] !

LA GUERRE.

A UN AMI.

AIR :

Mon vieil ami, dans ma retraite,
Près des bois, demain, je t'attends.
Viens faire un dîner de chambrette,
Comme aux jours de notre printemps.
Nous jaserons de mainte chose :
Des gens de cour, de l'émeutier,
Des vers et surtout de la prose,
Reine aujourd'hui du monde entier.

Puis nous parlerons de la guerre :
L'aurons-nous, ne l'aurons-nous point ?

1. Pigeons, colombes, tourterelles, après un mûr
examen, ne répondent nullement à l'idée qu'on s'est
faite de leur constance en amour, m'ont assuré des ob-
servateurs scrupuleux, entre autres plusieurs dames. La
poésie seule, toujours disposée à entretenir les vieilles
erreurs, fait encore de ces oiseaux des symboles de fidé-
lité matrimoniale. Quant au papillon, sans doute parce
que les anciens en ont fait la représentation de l'âme
humaine, la poésie l'a accusé et l'accuse encore d'in-
constance : c'est une calomnie. Ces jolis insectes vivent,
sans promiscuité, dans une union conjugale dont les
hommes donnent trop peu d'exemples. Au milieu d'un
essaim de leurs pareils, le mâle cherche toujours l'objet
de son unique et premier choix. Un petit papillon blanc
est surtout remarquable par l'intimité de chaque couple.
Voyez-vous l'un des deux, l'autre est tout près, soyez-en
sûr. Dans leur vol, ils ne s'écartent que pour se rappro-
cher. C'est en les observant que j'ai conçu l'idée de ré-
tablir leur réputation, au risque de contraindre l'École
de Fourier de donner un autre nom à la passion que le
maître a appelée la *papillonne*.

Sur le journal, je ne vois guère
Que des rois nous montrant le poing.
Tout en prévoyant des batailles,
De pitié pourtant je souris,
Quand je pense aux tristes murailles
Qui vont emprisonner Paris.

Ah! pour sauver la ville sainte,
Fiez-vous au peuple d'en bas;
Que, bien armé, dans son enceinte,
Il veille et reste l'arme au bras.
Quel traître devant ses cohortes,
Paris bien ou mal retranché,
Oserait en livrer les portes,
Fût-il T......... ou F....é?

Guerroyer fut notre manie;
Mais aujourd'hui je reconnais
Qu'on doit mater la félonie
De l'oppresseur des Polonais.
Non moins félon, l'Anglais si rogue
Voudrait bien, encor cette fois,
Nous endormir avec la drogue
Qu'il ne peut plus vendre aux Chinois.

Anglais, bien que nous tromper serve
A désennuyer ton orgueil,
Mieux vaudrait voguer de conserve :
Tu dois craindre plus d'un écueil.
Tes possessions, que sont-elles?
Des cerfs-volants que tient ta main.
L'aquilon rompra leurs ficelles.
Prends garde : il peut souffler demain.

Qu'avec honneur nous berce encore
La Paix, mère de tous les biens.
Dans les camps pourraient nous éclore
De trop redoutables soutiens.
La gloire est là si despotique!
Nul éclat au sien n'est pareil.

O liberté! ton arbre antique
Croît mieux à l'ombre qu'au soleil.

Ami, qu'en dit-on à la ville?
Réponds, écho digne de foi.
Dans les bois que l'automne épile,
Viens-en deviser avec moi.
Viens, tandis qu'un peu de feuillage
Du froid cache encor le retour,
Ah! qu'il est loin, cet heureux âge
Où nous ne parlions que d'amour!

GUTTEMBERG.

A MM. LES STRASBOURGEOIS,

QUI, EN 1840, M'ONT INVITÉ A LA SOLENNITÉ DE
L'INAUGURATION DE LA STATUE EXÉCUTÉE PAR DAVID.

AIR :

Messieurs, pitié pour ma vieillesse!
C'est en vain que votre cité,
Glorieux berceau de la presse,
M'appelle à sa solennité.
Garder mon coin vaut mieux, me semble,
Que, vieux et pauvre pèlerin,
M'en aller, d'une voix qui tremble,
Attrister les échos du Rhin.

Eh! n'aurez-vous pas Lamartine,
Le poëte qui nous ravit?
Les nobles vers qu'il vous destine [1]
De ses travaux paîront David [2].
Guttemberg, s'il voit sa statue,

1. M. de Lamartine devait assister à cette fête, et l'on
annonçait des vers de lui à cette occasion.
2. David, toujours désintéressé, n'a pas voulu faire
payer le travail de cette admirable statue.

S'il entend l'hymne harmonieux,
A sa gloire tant débattue [1],
Pourra croire enfin dans les cieux.

Un enfant joue avec deux verres [2],
Et le télescope est trouvé.
Strasbourg, l'homme que tu révères,
Qu'a-t-il voulu? qu'a-t-il rêvé?
Dieu lui cria-t-il aux oreilles
Qu'il lui donnait plus qu'un métier,
Et que la lampe de ses veilles
Éclairerait le monde entier?

Qu'espérait-il, profit ou gloire,
Quand devant l'âtre il se courbait,
Coulant le plomb d'une écritoire
Dans les moules d'un alphabet?
Dès qu'une ligne enfin s'agence,
Il dit, ravi de l'épeler :
Victoire! Humaine intelligence,
Va! tu ne peux plus reculer.

Quoique souvent pris de débauche,
Le monde pèse l'œuf au nid.
Ce qu'au hasard chacun ébauche,
Il le rejette ou le finit.
Lui seul parfait une pensée.
Trouve-t-elle un trône en chemin,
Dans un temple est-elle encensée?
C'est l'ouvrage du genre humain.

1. Outre que plusieurs villes ont disputé à Strasbourg et Mayence d'avoir été les berceaux de l'imprimerie, l'honneur de l'invention a été disputé à Guttemberg, en faveur d'hommes plus ou moins connus avant lui et de son temps. C'est un procès que l'opinion publique a décidé, sans trop pouvoir l'approfondir. On ne peut nier que Guttemberg présente les meilleurs titres à l'honneur de l'application complète du nouveau procédé.

2. On prétend que l'enfant d'un lunettier de Hollande, ayant réuni deux verres de force différente, donna lieu à l'invention du télescope, dont Galilée tira dès lors un si grand parti.

Quoi! vais-je éteindre une auréole?
Strasbourg s'est-il donc abusé?
Non, Guttemberg est un symbole :
C'est le progrès éternisé.
De n'aller pas lui rendre hommage,
Noble cité, j'ai des regrets.
Mais déjà d'un plus long voyage
Le Temps me dit : Fais les apprêts.

LES VENDANGES.

A LAURE.

AIR :

Accourez, aimable Laure,
Nos vendangeurs vont aux champs.
En sursaut déjà l'aurore
S'éveille à leurs joyeux chants.

Tout vigneron à l'ouvrage
Mène enfants, amis, voisins,
Tant ses tonnes en veuvage
Ont soif du jus des raisins.

Les ceps, de rosée humides,
Comme un cerf, dans ses douleurs,
Devant ces meutes avides
Semblent répandre des pleurs.

Sous les paniers qu'on renvoie
L'âne plira jusqu'au soir.
Venez voir richesse et joie
Jaillir à flots du pressoir.

Mais l'émeute est au village.
Mille oiseaux, dans ces tilleuls,
Disent : « L'on met au pillage
» Ce que Dieu fit pour nous seuls.

» Voyageurs privés d'étapes,
» Nous allons de mal en pis ;
» Aujourd'hui l'on prend les grappes :
» Hier c'était les épis.

» Des hommes, troupe assouvie,
» Ont terres et revenus ;
» Les autres glanent leur vie
» Le dos courbé, les pieds nus.

» Pauvres gens, vous qu'on dédaigne,
» Vite aux armes ! vengez-vous.
» Nous chanterons votre règne :
» Les raisins seront pour nous. »

Mais vient réponse à leur plainte.
Un chasseur ! Oiseaux, tremblez !
On peut vendanger sans crainte :
Nos tribuns sont envolés.

Laure, on dépouille la plaine ;
Quittez le doux oreiller.
Demain les pauvres à peine
Trouveront à grapiller.

L'ARGENT.

A UN AMI.

Air :

Ami, viens à mon aide ;
Prête-moi cinq cents francs.
L'argent, quel sûr remède
Aux maux petits et grands !
En ville et sous le chaume
Trois fois heureux celui
Qui prodigue ce baume
Aux souffrances d'autrui !

L'argent ferait ma joie :
On ne le croirait pas ;
Car l'honneur, dans sa voie,
M'a guidé pas à pas.
Souvent, près d'un tel maître,
J'ai cru voir en chemin
Le bonheur m'apparaître,
Une bourse à la main.

Qui n'est pas égoïste
De l'argent sent le prix.
Dans son orgueil si triste
Jean-Jacque en fait mépris.
Moi, je bénis la source
Qui, traversant mon sol,
Désaltère en sa course
Colombe et rossignol.

Que coûtent ces richesses ?
On me répond tout bas :
Un crime ou des bassesses.
Prince, je n'en veux pas.
Non ; l'argent, quoi qu'on dise,
N'est point lave d'enfer :
C'est bonne marchandise,
Mais on le vend trop cher.

De prix, un jour s'il baisse,
A Dieu plaise ordonner
Qu'enfin je me repaisse
De millions à donner.
Les sots, dont j'aime à rire,
Verront si je m'entends
A faire la satire
Des riches de mon temps.

Dieu n'en voulant rien faire,
Ami, sois mon banquier.
Aux écus je préfère
Le commode papier ;

Ce doux papier de soie
Qu'hélas! trop peu souvent
La fortune m'envoie,
Et qu'emporte le vent.

PANTHÉISME.

A UN ANCIEN PROPHÈTE SAINT-SIMONIEN.

AIR:

Salut et gloire, ô mon prophète!
Ton front rayonne et devant toi
Tombe le Christ, dont la défaite
Va nous valoir une autre loi.
Toi qui sais Dieu, l'homme et notre âme,
Prends ma table pour Sinaï;
Parle, et ta loi, je la proclame
Au bruit de vingt bouchons d'aï.

Chantons un hymne à la matière,
Que tu rétablis dans ses droits.
Ta loi l'institue héritière
De tous les cultes à la fois.
Le pape en déchire sa robe;
Mahomet n'a plus feu ni lieu.
Vivat! nous verrons sur le globe
Ton dieu régner, s'il plaît à Dieu.

Tu divinises la nature;
Épicure autrefois l'osa.
Lucrèce a tenté l'aventure,
Dont l'honneur reste à Spinosa.
Finis la statue ébauchée;
Rends-la plus belle, orne-la mieux.
C'est la matière endimanchée
Qu'un panthéisme ingénieux.

Mais, vient dire un vieux moraliste,
La matière a vaincu sans vous.

Reine de notre âge égoïste,
Nous lui devons mœurs, lois et goûts.
Pour faire action méritoire,
Mieux vaudrait, apôtres nouveaux,
Enrayer son char de victoire
Que d'aiguillonner ses chevaux.

Votre Dieu, disent les sceptiques,
S'il vit en nous, à l'être humain
Dut montrer, dès les temps antiques,
Le but, la borne et le chemin.
En vain donc la raison s'éveille;
Au progrès l'homme aspire à tort:
Il essaime comme l'abeille;
Il bâtit comme le castor.

Le poëte qu'un souffle agite
Crie: Eh quoi! l'âme, à notre mort,
Sans mémoire, de gîte en gîte,
Entre au hasard, pleure et puis sort!
Prostituée et vagabonde,
Quoi! cette âme, esclave ici-bas,
N'a point de ciel où fuir un monde
Qu'elle sent crouler sous ses pas!

Le Très-Haut, t'écrit un saint prêtre,
Roi des cieux, est notre soutien.
Ce Dieu seul à tout donna l'être;
Tous les germes sont dans le tien.
A l'un on va par la pensée;
Vivants ou morts, l'autre est en nous.
De l'un l'âme est la fiancée;
De tous les corps l'autre est l'époux.

Prophète, ces gens déraisonnent.
Ils prédiront, dans leurs regrets,
Qu'au sol où les tyrans moissonnent
Ton culte fournira l'engrais.
Plus d'un républicain le pense,
Aveugle qui préfère encor

Au panthéisme à large panse
Le mysticisme aux ailes d'or.

Ne connais-tu pas Don Quichotte?
Voilà l'esprit pur : lance au poing,
Son écuyer boit, mange et rote;
C'est la chair en grossier pourpoint.
Pour que Sancho nous moralise,
Entre la broche et le cellier,
Sous les dalles de notre église
Enterrons le preux chevalier.

Gloire au grand Pan ! qu'il soit fétiche,
Loup, bœuf, ibis, singe, éléphant;
Qu'il soit cet Olympe si riche
En symboles d'un monde enfant.
Qu'il soit ....!' Vois, ô mon maître!
Les fêtes qui vont avoir lieu.
De ton dieu que de dieux vont naître!
Puisqu'il est tout, tout sera Dieu.

AVIS.

Air :

Bonheur, faut-il que je finisse
Sans t'avoir jamais rencontré ?
Disait, mourant dans un hospice,
Un pauvre obscur, quoique lettré.
Un doux fantôme à lui se montre :
Je suis le Bonheur; oui, c'est moi.
Sans s'en douter, tel me rencontre
Qui me suppose un train de roi.

Tu m'as vu jadis au village.
Ta Suzette, qui t'aimait tant,
C'était moi; mais le mariage
Effraya ton cœur inconstant.

Favori d'une châtelaine,
Tu délaisses, fier de ses lacs,
Le bonheur en jupe de laine
Pour les plaisir en falbalas.

C'était moi, la tante si sage
Qui t'eût légué, comme à son fils,
Au prix d'un court apprentissage,
Négoce, labeurs et profits.
Le travail n'a pas qu'un mobile :
Un noble but peut l'animer.
Sois, dis-je, un citoyen utile.
Tu me réponds : Je veux rimer.

C'était moi, lorsque l'indigence
Déjà fustigeait ton penchant,
Ce vieillard rempli d'indulgence,
Qui t'offrit sa fille et son champ.
Des cités l'ombre est délétère ;
D'air pur, ici, viens t'enivrer,
T'ai-je dit ; cultive la terre.
Tu réponds : Je veux l'éclairer.

Devant tes pas fuyait la gloire ;
Moi, sans bruit, tapi dans un coin,
Souvent encor, tu peux m'en croire,
Je t'ai fait des signes de loin.
Mais à tes erreurs plus de trève ;
Et, sans m'accorder un coup d'œil,
Tu cours au galop de ton rêve,
Qui te jette au bord du cercueil.

L'homme s'écrie : Ah ! plus de doute !
Oui, Bonheur, mon orgueil à jeun
T'a traité parfois, sur sa route,
Comme un mendiant importun.
Mais Dieu veut qu'aujourd'hui je meure,
Puisque enfin je te trouve ici.
Notre dernière heure est ton heure.
Viens me fermer les yeux. Merci !

LA PLUIE.

A UN AMI.

Air :

Ami, plus de promenade.
La pluie à flots tombe ici,
Tombe à me rendre malade,
Et le ciel n'en a souci.

Comme au roc se cloue une huître
Que la mer lave en courant,
Je reste auprès de la vitre,
A voir passer le torrent.

Sous nos humides murailles
Que transperce un air malsain,
Je crois sentir les tenailles
D'un rhumatisme assassin.

A ce point l'ennui me gagne,
Qu'en rêve, dans mon sommeil,
Je vole au fond de l'Espagne
Pour me sécher au soleil.

Au pied d'antiques arcades,
J'ai, sur ces bords étrangers,
Des tentures de grenades
Sous des voûtes d'orangers.

J'y vois fuir l'année entière,
Loin des brouillards importuns,
L'œil enivré de lumière
Et le cerveau de parfums.

Mais, las de pêche et de chasse,
L'Esquimau revient joyeux

Subir, sous son toit de glace,
La plus longue nuit des cieux.

De mon rêve je m'ennuie :
Adieu, ciel pur; adieu, fleurs.
Retournons, malgré la pluie,
Aux bords où j'ai tous mes pleurs.

Je reviens où, tendre et folle,
Ma jeunesse a tant chanté;
Où le génie est l'idole
Qu'encense l'Égalité.

Dieu ! notre ciel se dégage.
Ami, viens, puisqu'il sourit.
Viens; nous irons au village
Voir si l'amandier fleurit.

RETOUR A PARIS.

A MES VIEUX AMIS.

AIR *de la République.*

Vive Paris, le roi du monde !
Je le revois avec amour.
Fier géant, armé de sa fronde,
Il marche, il grandit chaque jour.
Sur cette rive enchanteresse,
Grain tombé de l'humain semis,
Je viens retrouver ma jeunesse,
Retrouver tous mes vieux amis.

Que de palais ! que de portiques,
D'églises, de quais, de bazars,
De théâtres, d'arcs héroïques,
De colonnes, tributs des arts !
Des arts qui, pour leur capitale,
Partout à l'œuvre se sont mis !

Comment, dans ce pompeux dédale,
Retrouver tous ses vieux amis ?

Ces monuments sont notre histoire.
Grâce à chaque fait retracé,
A de nouveaux rêves de gloire
Sourit la gloire du passé.
Dois-je ici féconder mes veilles ?
J'en doute, mais point n'en gémis,
Puisque au sein de tant de merveilles
On retrouve ses vieux amis.

Ce grand Paris, plus d'un l'accuse
De rire même de ses maux.
Il rompt plus de jougs qu'il n'en use,
Tient moins au bon sens qu'aux bons mots.
L'en reprendre est à faire au sage.
Bénissons Dieu d'avoir permis
Qu'au milieu d'un peuple volage
On retrouvât ses vieux amis.

Mes vieux amis, oui, je les trouve
Réunis tous pour me fêter :
C'est le bonheur que j'en éprouve,
Paris, qui me fait te chanter.
Dans l'absence le cœur sommeille ;
Les souvenirs sont endormis.
Ce jour à jamais les réveille :
J'ai retrouvé mes vieux amis.

LES GRANDS PROJETS.

Air :

J'ai le sujet d'un poëme héroïque ;
Qu'avant dix ans le monde en soit doté.
Oui, le front ceint de la couronne épique,
Dans l'avenir fondons ma royauté.

Mais mon sujet prête à la tragédie;
J'y pourrais prendre un plus rapide essor.
Dialoguons, et ma pièce applaudie
M'enivrera d'honneurs, de gloire et d'or.

La tragédie est un bien long ouvrage;
L'ode au sujet comme à moi convient mieux.
Riche d'encens, elle en fait le partage
Aux rois d'abord, et, s'il en reste, aux dieux.

Mais l'ode exige un trop grand flux de style;
Mieux vaut traiter mon sujet en chanson.
Dormez en paix, Pindare, Homère, Eschyle;
J'ai rêvé d'aigle et m'éveille pinson.

Sans s'amoindrir, quel grand projet s'achève?
Plus d'un génie a dû manquer d'entrain.
Ainsi de tout. Tel qui restreint son rêve
A des chansons, laisse à peine un quatrain.

LA FILLE DU DIABLE.

Air :

Dans un castel aux bords de l'Aisne,
Un soir, voilà cent ans et plus,
Devant la belle châtelaine,
Un moine disait l'*Angelus*.
Il tombe en extase. O merveille!
L'esprit tient son corps entravé.
Puis le saint homme se réveille
En s'écriant : Il est sauvé !

Qui donc? dit la dame au bon Père.
—Satan, ma fille; il rentre au ciel.
Le Christ a su de la vipère
Changer tous les poisons en miel.
Pour le voir, j'ai du grand prophète
Pris le char au brûlant essieu.

La loi d'amour est satisfaite;
Le ciel s'agrandit : Gloire à Dieu !

Satan, sous les traits d'un jeune homme,
L'an où la comète apparut,
Surprit une vierge de Rome
Qui le rendit père et mourut.
Lui père, et père d'une fille !
Il la prend, et d'un ton amer
Lui dit : Pour tout bien de famille
N'attends qu'une part de l'Enfer.

Mais l'enfant semble lui sourire.
Il s'en émeut : « Se pourrait-il
» Que mon tyran, calmant son ire,
» Voulût adoucir mon exil ?
» A sa haine Dieu faisant trève,
» Quelque espoir me fût-il rendu,
» Comment sauver la fille d'Ève
» De ce monde que j'ai perdu ?

» Quoi ! des pleurs mouillent ma paupière !
» Pleurer, moi ! Dieu me le défend.
» Si je savais une prière,
» Je la dirais pour cette enfant.
» Très-Haut, qu'a bravé mon audace,
» Si mes maux ne te satisfont,
» Qu'au ciel un jour ma fille ait place,
» Et fais-moi l'Enfer plus profond. »

Est-ce le roseau que Dieu brise ?
Maudirait-il la fille ? Oh ! non.
Cette enfant qu'on porte à l'église
De Marie a reçu le nom.
Elle est remise en des mains pures.
Il s'y connaît, le tentateur
Qui couvrit de tant de souillures
Le chef-d'œuvre du Créateur.

A l'Enfer Satan infidèle
Veut voir Marie, et, chaque jour,

Se déguisant mieux, sent près d'elle
Son cœur renaître au pur amour.
La caresser, il l'ose à peine.
Craignons, dit-il, de la flétrir.
Éden a vu, sous mon haleine,
En un jour ses roses mourir.

Sur lui bientôt règne Marie,
Colombe dont il suit l'essor.
Tout haut pour son père elle prie,
Et fait aumône de son or.
Même il lui révèle des charmes
Contre les maux qu'on peut guérir :
Tant le triste auteur de nos larmes
Se plaît à les lui voir tarir.

Marie, à quinze ans, sainte et belle,
Est admise à communier.
Il tremble. Fille du rebelle,
Si Dieu l'allait répudier !
Mais de l'Église elle est la joie.
Pour la voir, il court se tapir
Dans l'orgue, qui soudain envoie
Jusqu'au ciel un profond soupir.

Sitôt qu'à genoux et bénie
Elle a pris le pain rédempteur,
Satan mêle à flots l'harmonie
Aux chants du temple inspirateur.
Sous sa main l'orgue austère et tendre
N'a plus rien d'un monde mortel ;
Et les anges, pour mieux l'entendre,
Descendent jusque sur l'autel.

Mais, dans ces pompes de l'Église,
Marie et chancelle et pâlit.
Son cœur, trop plein de Dieu, se brise ;
Sa foi la tue et l'embellit.
Elle tombe aux bras de son père.
Fait homme, il se trouble d'abord,

Comme un de nous, se désespère
Et sent tout le mal de la mort.

Elle n'est plus. Amour, science,
Rien n'y peut : Dieu le voulait donc.
Satan n'eut jamais de souffrance
Qui comptât plus pour son pardon.
Va-t-il sur la foule attendrie
Renverser les murs du saint lieu ?
Non : il voit l'âme de Marie
Remonter brillante à son Dieu.

S'il lui cache quel est son père,
Ah ! dit-il, que Dieu soit béni.
Dans mon royaume, affreux repaire,
Retombons seul, pauvre banni.
Là, s'accusant à ses complices
De sa révolte et de leurs torts,
Il souffre de tous les supplices,
Il saigne de tous les remords.

Pour moi, seule étoile qui brille
Dans ce ciel que Dieu m'a fermé,
Pour moi, dit-il, prie, ô ma fille !
Prie, ô toi qui m'as seule aimé !
Mais au ciel le Christ, qui l'écoute,
Voit aux éternelles douleurs
Quel poids le repentir ajoute ;
Et ses yeux en versent des pleurs.

Un de ces pleurs, sources fecondes,
A travers l'amas des soleils ;
A travers la foule des mondes
Aux sombres nuits, aux jours vermeils ;
A travers tout l'espace immense
Que Dieu peupla dans un instant ;
Ce pleur de céleste clémence
Tombe sur le cœur de Satan.

Et soudain l'archange rebelle
Reprend sa gloire et sa beauté ;

Et, d'un seul élan de son aile,
Près du Christ il est remonté.
Marie est là pour lui sourire;
D'amour pur il est abreuvé.
Le mal enfin perd son empire :
La fille d'Ève a tout sauvé.

Le bon moine, après cette histoire,
Poursuit : Les temps sont révolus.
L'Enfer n'est plus qu'un Purgatoire
D'où l'on entrevoit les élus.
J'ai chanté sur le char d'Élie,
Avec les séraphins joyeux,
La Vierge qui réconcilie
Saints et pécheurs, enfers et cieux.

Madame, à pied je pars pour Rome,
Comme a fait saint Paul autrefois.
Pour prêcher sur le sort de l'homme,
Le pape délira ma voix.
Le Christ veut qu'en ces murs célèbres
J'aille annoncer aux cœurs aimants,
Qu'il n'est plus d'anges des ténèbres,
Qu'il n'est plus d'éternels tourments.

LES VOYAGES.

Air :

Viens, m'ont dit vingt chars rapides;
Le feu nous pousse à travers
Bois épais, cités splendides,
Monts et prés, champs et déserts.
Faisant honte aux hirondelles,
Tu croiras, sur nos essieux,
Que la terre a pris des ailes
Pour passer devant tes yeux.

Viens, me crie un beau navire,
Voir l'homme en tous les climats;
Voir en germe quelque empire,
Des ruines voir l'amas.
Par un caprice de l'onde,
Tu peux, voguant avec moi,
Ajouter un nouveau monde
A ceux dont le nôtre est roi.

Des astres je sais la route ;
Viens, dit un aérostat,
Monte à la céleste voûte
Pour en juger mieux l'éclat.
Sur maint problème à résoudre,
Dans mon vol audacieux,
Viens, au-dessus de la foudre,
Sonder l'abîme des cieux.

Partez tous. Ici je reste,
Heureux d'un monde borné;
D'oiseaux, de fleurs, monde agreste,
D'ombrages environné.
Quand la nuit étend son voile,
Et qu'au ruisseau transparent
Vient se mirer une étoile,
Oh! que l'univers est grand!

LE SAINT.

CHANSON A MADAME.....

AIR: *Un petit capucin.*

Chez un saint qu'épouvante
  Le mot d'amour,
  Le diable, un jour,
Vient en jeune servante.
Le saint lui dit : Satan,

Va-t'en !
Va-t'en, Satan, va-t'en !

Il revient en grisette
　　Au ton aisé,
　　Au teint rosé,
Au menton à fossette.
Le saint lui dit : Satan,
　　Va-t'en !
Va-t'en, Satan, va-t'en !

Il revient en danseuse
　　Au sein fripon,
　　Au court jupon,
A la jambe amoureuse.
Le saint lui dit : Satan,
　　Va-t'en !
Va-t'en, Satan, va-t'en !

En muse jeune et belle
　　Il vient encor ;
　　Sa lyre d'or
Chante l'amour fidèle.
Le saint lui dit : Satan,
　　Va-t'en !
Va-t'en, Satan, va-t'en !

Puis il vient en comtesse
　　Aux blanches dents,
　　Aux yeux ardents,
Au cœur troublé d'ivresse.
Le saint lui dit : Satan,
　　Va-t'en !
Va-t'en, Satan, va-t'en !

Satan prend d'autres armes :
　　Madame, un soir,
　　Le saint croit voir
Apparaître vos charmes.
Il ne dit plus : Satan,

Va-t'en !
Va-t'en, Satan, va-t'en !

Grâce, esprit, tout le brûle,
  Tout l'enhardit ;
    Même il vous dit :
Au fond de ma cellule,
Viens me damner, Satan ;
      Viens-t'en !
Viens-t'en, Satan, viens-t'en !

LES VIOLETTES.

ᴀɪʀ :

Hélas ! violettes charmantes,
Vous vous hâtez trop de fleurir.
Au soleil ces neiges fumantes,
Le verglas peut les recouvrir.
Mars nous garde encor des tourmentes.
Naissez-vous aussi pour souffrir ?

— Bénis le ciel qui nous ordonne
D'éclore en dépit des glaçons.
La pauvre Laure, enfant si bonne,
Va nous chercher dans ces buissons.
A souhait pour qu'elle y moissonne,
En grelottant nous fleurissons.

— Douces fleurs, quelle est cette fille ?
— Une orpheline qui nourrit
Ceux qui se sont faits sa famille,
Vend des fleurs quand le ciel sourit,
Lasse la quenouille et l'aiguille,
Ou glane aux champs que Dieu mûrit.

Ce matin, dès la pâle aurore,
Un ange a passé par ici.
Il a dit : Enrichissez Laure ;

Le pain manque, et Laure en souci
Va venir ; hâtez vous d'éclore.
L'ange a dit vrai ; car la voici.

LA PAQUERETTE ET L'ÉTOILE.

AIR :

L'ÉTOILE.

Dans l'ombre, aimable pâquerette,
Mon rayon le plus doux te luit,
Et dessine ta collerette
Sur le noir manteau de la nuit.

LA PAQUERETTE.

Quoi ! vous, belle étoile attachée
Au marchepied du roi des cieux,
Sur la fleur dans l'herbe cachée
Vous daignez abaisser les yeux !

L'ÉTOILE.

Chaque étoile, dans son orbite,
Loin d'être un vain luxe des nuits,
Aux planètes que l'homme habite
Dispense arbres, fleurs, grains et fruits.

Des feux du soleil, dans l'espace,
Moi qui complète les couleurs,
Sur les corps que sa force enlace
Je préside aux destins des fleurs.

Tu ne m'es donc pas étrangère,
Fleurette éclose en si bas lieu.
Astre éclatant, fleur passagère,
Se tiennent dans la main de Dieu.

LA PÂQUERETTE.

Ainsi que la terre où nous sommes,
Se peut-il qu'aux cieux étoilés,
De fleurs, de papillons et d'hommes
D'autres globes roulent peuplés ?

L'ÉTOILE.

Certes, ma fille, aux mêmes causes
Le même effet ne peut faillir.
Dans ces mondes naissent des roses,
Et des vierges pour les cueillir.

L'APOTRE.

A M. DE LAMENNAIS.

AIR :

Paul, où vas-tu ? — Je vais sauver le monde.
Dieu nous donne une loi d'amour.
— Apôtre, la sueur t'inonde ;
En festins ici passe un jour.
— Non, non ; je vais sauver le monde.
Dieu nous donne une loi d'amour.

Paul, où vas-tu ? — Je vais prêcher aux hommes
Paix, justice et fraternité.
— Pour en jouir, reste où nous sommes,
Entre l'étude et la beauté.
— Non, non ; je vais prêcher aux hommes
Paix, justice et fraternité.

Paul, où vas-tu ? — Je vais à l'âme humaine
Du ciel enseigner le chemin.
— Aux cieux ? La gloire seule y mène.
Chante, elle te tendra la main.

— Non, non ; je vais à l'âme humaine
Du ciel enseigner le chemin.

Paul, où vas-tu ? — Je vais rendre aux campagnes
Le Dieu qui bénit les guérets.
— Crains le brigand dans les montagnes ;
Crains le tigre dans les forêts.
— Non, non ; je vais rendre aux campagnes
Le Dieu qui bénit les guérets.

Paul, où vas-tu ? — Je vais au sein des villes
De tout vice purger les cœurs.
— Crains l'orgueil des passions viles ;
Crains le rire aux éclats moqueurs.
— Non, non ; je vais au sein des villes
De tout vice purger les cœurs.

Paul, où vas-tu ? — Je vais, séchant des larmes,
Dire au pauvre : Dieu seul est grand !
— Crains le riche si tu l'alarmes ;
Crains le pauvre s'il te comprend.
— Non, non ; je vais, séchant des larmes,
Dire au pauvre : Dieu seul est grand !

Paul, où vas-tu ? — Je vais de plage en plage
Raffermir mes amis tremblants.
— Quoi ! les maux, la fatigue et l'âge,
N'ont point dompté tes cheveux blancs ?
— Non, non ; je vais de plage en plage
Raffermir mes amis tremblants.

Paul, où vas-tu ? — Je vais braver nos maîtres,
Fardeau des peuples gémissants.
— Tremble ! ils te livreront aux prêtres
En échange d'un peu d'encens.
— Non, non ; je vais braver nos maîtres,
Fardeau des peuples gémissants.

Paul, où vas-tu ? — Je vais prêcher mon culte
Devant le juge et ses licteurs.

— A nos lois déguise l'insulte;
Recours à l'art des orateurs.
— Non, non; je vais prêcher mon culte
Devant le juge et ses licteurs.

Paul, où vas-tu? — Je vais porter ma tête
Sur l'échafaud où Dieu m'attend.
— Dis un mot, et ta grâce est prête;
D'honneurs on te comble à l'instant.
— Non, non; je vais porter ma tête
Sur l'échafaud où Dieu m'attend.

Paul, où vas-tu? — Je vais avec les anges
Reposer au sein de mon Dieu.
— Par ton exemple tu nous changes.
Nous prîrons sur ta tombe. Adieu!
— Oui, oui; je vais avec les anges
Reposer au sein de mon Dieu.

MES CRAINTES.

LETTRE A MON AMI M. LEBRUN,

DE L'ACADÉMIE FRANÇAISE.

AIR :

Cher Lebrun, ta muse héroïque,
A la chanson tendant la main,
M'écrit : Au trône académique
Veux-tu monter? Parle, et demain...
Muse, arrêtez. Par lassitude
D'un monde où j'ai fait long séjour,
J'ai pris goût à la solitude.
J'y tiens; c'est mon dernier amour.

Oui, j'adore, ami, la retraite,
Et du bruit mon âge a l'effroi.
Le monde, dis-tu, me regrette.
Le monde? Il pense bien à moi !

Bourgeois vaniteux, il s'arrange
De peu de gloire et de gros fonds;
Et, pour s'ébaudir dans la fange,
A toujours assez de bouffons.

Refais-toi tribun politique!
M'a-t-on crié. Mais quoi! jadis
N'ai-je pas, sur cette musique,
Fait assez de vers applaudis?
D'autres m'ont dit: Fais-toi messie
Ou prophète, et viens, dès ce soir,
D'un parfum de théocratie
T'enivrer à notre encensoir.

De me laisser faire grand homme,
Non, je n'eus jamais le désir.
L'époque n'est pas économe
De piédestaux; on peut choisir.
Toute secte a sa créature;
Tout club aussi: c'est tel ou tel.
On donne ici la dictature;
Là-bas on élève un autel.

L'idole est partout promenée;
Mais bientôt les porteurs sont las.
Nous voyons, en moins d'une année,
Messie et dictateur à bas.
On crie à l'un: Tu n'es qu'un homme;
A l'autre, si c'est un vieillard:
Sur cette borne fais un somme
En attendant le corbillard.

Las! Toute gloire est mensongère
Dans ce temps d'esprits fourvoyés.
Tel s'en fait une viagère,
Qui, lui-même, la foule aux pieds.
Combien j'ai vu de nos idoles
Subir de contraires destins!
Je riais de leurs auréoles;
J'ai pleuré sur leurs fronts éteints.

Ami, ne laissons pas le monde
Nous emporter à tous ses vents.
Plus qu'une misère profonde
J'ai craint des honneurs décevants.
Rimeur, j'ai craint de faire ombrage
Aux talents d'un ordre élevé ;
J'ai craint jusqu'au renom de sage
Dont Lisette m'a préservé.

Moi, sage ! oh ! non ; c'est la paresse
Qui m'a fait des goûts si bornés.
Non, j'aurais craint que ma sagesse
N'effrayât de pauvres damnés.
Quand souffrent au cercle où nous sommes
Peuple et roi, riche et travailleur,
Crois-moi, le plus sage des hommes
N'en saurait être le meilleur.

Lebrun, mon exemple t'enseigne
A faire au monde juste part.
A l'Institut qu'un autre règne :
J'ai bâti ma ruche à l'écart.
Là, si peu que le miel abonde,
Je puis craindre encor les fourmis ;
Mais là, moins je me donne au monde,
Plus j'appartiens à mes amis.

LE POSTILLON.

MON ANNIVERSAIRE DE 1842.

AIR *des Amazones.*

Sur ce globe, la course humaine
Ne dure, hélas ! que peu d'instants.
Le postillon qui tous nous mène,
Je le connais trop, c'est le Temps.   (*bis.*)
En char pompeux aussi bien qu'en charrette,
Il nous emporte à nous faire crier :

Vieux postillon, arrête, arrête, arrête !
Buvons ici le vin de l'étrier.   } bis.

    Il est sourd, ne fait nulle pause ;
    Sangle tout de son fouet puissant ;
    Se rit des effrois qu'il nous cause,
    Et n'y met fin qu'en nous versant.
Je crains par lui qu'un jour notre planète
N'aille en éclats croupir dans un bourbier.
Vieux postillon, arrête, arrête, arrête !
Buvons ici le vin de l'étrier.

    Les sots et les fous en grand nombre
    Nous jettent la pierre en chemin.
    Fuyons-les donc ; mais quel encombre !
    Ils seront plus nombreux demain.
Sais-je d'ailleurs ce que demain m'apprête ?
Podagre ou pair si j'allais m'éveiller !
Vieux postillon, arrête, arrête, arrête !
Buvons ici le vin de l'étrier.

    En des jours de mélancolie
    On semble au but vouloir courir ;
    Mais un rien nous réconcilie
    Avec la frayeur de mourir.
C'est une fleur, c'est une chansonnette,
C'est un souris qui vient nous égayer.
Vieux postillon, arrête, arrête, arrête !
Buvons ici le vin de l'étrier.

    La poste soixante et troisième
    Me fournit des relais nouveaux.
    Le postillon, toujours le même,
    Ménagera-t-il les chevaux ?
Amis, d'un mont moi qui descends la crête,
Pour vous attendre, ah ! je veux enrayer.
Vieux postillon, arrête, arrête, arrête !
Buvons ici le vin de l'étrier.

    Oui, fêtons mon anniversaire,
    Réveil de souvenirs constants.

Puisse une amitié si sincère
  Briser les éperons du Temps.   (bis.)
Pour ramener la joie en ma retraite,
Vingt fois encor venez vous écrier :
Vieux postillon, arrête, arrête, arrête ! ⎱
Buvons ici le vin de l'étrier.   ⎰ bis.

LA FÉE AUX RIMES.

AUX OUVRIERS POÈTES [1].

AIR :

Voici la fée ; oui, c'est la fée aux rimes,
Fille du ciel qui vient nous consoler.
Sa voix ajoute aux chants les plus sublimes ;
Mais, prenons garde : elle peut s'envoler ;
Voyez, amis, ses deux ailes si grandes.
Dans ses deux mains, où puisent ses amants,
Brillent rubis, perles et diamants
  Pour faire aux muses des guirlandes.
Combien de maux ta voix charme ici-bas ! ⎱
  Aimable fée, ah ! ne fuis pas.   ⎰ bis.
    Ah ! ne fuis pas.

Le sage en vain crie : Arrête, âme folle !
Un pauvre enfant, doux, au front nuageux,
Qu'elle a séduit au sortir de l'école,
Contre son joug court échanger ses jeux.
Dès lors, aux champs, dans les bois, sur les grèves,
Chercheur d'échos, par elle il va penser.

---

1. Je n'ai pu indiquer tous les métiers qui comptent des poètes et des versificateurs plus ou moins connus, plus ou moins habiles ; mais j'ai omis avec intention les typographes, parce que la plupart ont reçu de l'instruction, et que d'ailleurs leur profession leur rend les études littéraires faciles : les livres les viennent trouver ; il faut que les autres ouvriers les cherchent, et c'est déjà un mérite dont on doit leur tenir compte.

Meurt-il obscur, elle vient le bercer
   De bruits de gloire et de longs rêves.
Combien de maux ta voix charme ici-bas!
   Aimable fée, ah! ne fuis pas.
      Ah! ne fuis pas.

Si les cités consacrent sa puissance,
Elle est de fête au foyer des hameaux.
Mais d'ouvriers une foule l'encense :
A ces faveurs quels droits ont-ils? Leurs maux.
Il faut si peu pour rendre le courage
A tous ces cœurs par la fièvre agités!
La bonne fée en leur disant : Chantez !
   Donne à leur soif l'eau d'un mirage.
Combien de maux ta voix charme ici-bas!
   Aimable fée, ah! ne fuis pas.
      Ah! ne fuis pas.

Nous verrons, grâce aux fleurs que l'immortelle
Mêle aux tranchets, aux limes, aux rabots,
A la navette, au pic, à la truelle,
L'art sans étude et la gloire en sabots.
Ces artisans chantent, frondent, racontent;
Le peuple parle; hier il bégayait.
Du haut du trône on s'écrie, inquiet :
   Voici les voix d'en bas qui montent.
Combien de maux ta voix charme ici-bas !
   Aimable fée, ah! ne fuis pas.
      Ah! ne fuis pas.

Étends, ma fée, étends sur eux tes ailes;
Parfume l'air de leurs obscurs abris.
Qu'un peu de vin, non le vin des querelles,
Le vin de joie, éveille leurs esprits.
A leur liqueur mêlant ton ambroisie,
Fais qu'à mon nom, un jour ils disent tous :
Gloire à ses chants ! C'est lui qui jusqu'à nous
   Fit descendre la poésie.
Combien de maux ta voix charme ici-bas ! ⎞
   Aimable fée, ah! ne fuis pas. ⎬ *bis.*
      Ah! ne fuis pas. ⎠

LES DÉFAUTS.

Air :

L'homme, à soixante ans, calme et grave,
Au coin de son feu devient roi ;
Mais, jeune, il vaut mieux, selon moi,
Sous le plaisir vivre en esclave.
Vous qui sur nous veillez d'en haut, ⎱ bis.
Rendez-moi quelque bon défaut. ⎰

Oui, si j'ai subi l'exigence
De mes défauts, tyrans nombreux,
Je leur dus bien des jours heureux,
Doux larcins faits à l'indigence.
Vous qui sur nous veillez d'en haut,
Rendez-moi quelque bon défaut.

Dans les jours d'aimables féeries
On monte au ciel des deux côtés.
Nous poussons à bout nos gaîtés,
A bout nos tendres rêveries.
Vous qui sur nous veillez d'en haut,
Rendez-moi quelque bon défaut.

Aujourd'hui ma santé me touche.
A table veut-on me fêter,
L'aï ne me fait plus chanter,
Et je lui fais petite bouche.
Vous qui sur nous veillez d'en haut,
Rendez-moi quelque bon défaut.

Je verrais danser vingt grisettes
Sans penser à rien tout un soir ;
Sans même essuyer, pour mieux voir,
Les vieux verres de mes lunettes.
Vous qui sur nous veillez d'en haut,
Donnez-moi quelque bon défaut.

J'ai trop égayé la satire ;
Ce tort, je dois le réparer.
Mais sur ce monde il faut pleurer
Sitôt qu'on n'ose plus en rire.
Vous qui sur nous veillez d'en haut,
Rendez-moi quelque bon défaut.

Perfide erreur de ma jeunesse,
Que, bras ouverts, couronne en main,
La gloire m'accoste en chemin,
Je lui dirai : Passez, drôlesse !
Vous qui sur nous veillez d'en haut,
Rendez-moi quelque bon défaut.

Hélas ! mes vertus me désolent ;
Mais l'âge, qui les fait fleurir,
M'ôte la force de courir
Après mes défauts qui s'envolent.
Vous qui sur nous veillez d'en haut, ⎫ bis.
Rendez-moi quelque bon défaut. ⎭

LE ROSIER.

Air :

Toi dans ce lieu, toi dans la porcelaine !
Que je te plains, joli rosier !
Cette salle pompeuse est pleine
D'un monde envieux et grossier
Qui te souille de son haleine :
C'est le palais d'un financier.
Que je te plains, joli rosier !

Ici naguère apporté du village,
De l'or tu subis le pouvoir.
Ce banquier veut qu'à son passage
Pour lui tu fleurisses ce soir.
De ton parfum fais-lui l'hommage,

Comme au Très-Haut fait l'encensoir.
De l'or tu subis le pouvoir.

Sous ce grand lustre à la flamme irisée,
Arbuste aimé, tu vas mourir.
Plaint-il, ce juif, âme blasée,
Ceux que son faste fait souffrir ?
Privé d'air pur et de rosée,
Ah ! n'espère pas l'attendrir.
Arbuste aimé, tu vas mourir.

Mais près de toi passe un jeune poëte,
Dans ce palais resplendissant ;
Il courbe aussi sa noble tête
Devant le riche tout-puissant.
Des fièvres d'or de cette fête
Il est saisi rien qu'en passant,
Dans ce palais resplendissant.

Ainsi que toi ce séjour l'empoisonne.
Dieu vous rende à son beau soleil !
Le luxe qui vous environne
Va flétrir, en un temps pareil,
Et sa poétique couronne,
Et ton diadème vermeil.
Dieu vous rende à son beau soleil !

L'OISEAU FANTOME.

Air :

La cantatrice jeune et belle
S'éveille au milieu de la nuit.
Qu'a-t-elle entendu ? Ce doux bruit,
Est-ce un chant d'amour qui l'appelle ?
Non, c'est un fantôme léger,
L'ombre d'un oiseau qui l'éveille ;
Qui sur son lit vient voltiger,

En lui murmurant à l'oreille :
Pour votre voix docile à mes leçons, } *bis.*
Du Paradis j'apporte des chansons.

Je suis l'âme toujours aimante
Du rossignol apprivoisé
Par vous, et par vous tant baisé,
Qu'il crut voir en vous une amante.
Que j'avais d'ardeur à chanter,
Lorsqu'en rêve ou dans l'insomnie,
Aux longs efforts pour m'imiter
Vous mêliez les pleurs du génie !
Pour votre voix docile à mes leçons,
Du Paradis j'apporte des chansons.

Un soir où la foule charmée
Semait des fleurs autour de vous,
Votre singe, démon jaloux,
Ouvrit ma cage bien-aimée.
Dans ses ongles me voilà pris ;
En ricanant il me déchire.
Votre gloire est sourde à mes cris ;
On vous couronne, et moi j'expire.
Pour votre voix docile à mes leçons,
Du Paradis j'apporte des chansons.

Mais d'ailes mon âme est pourvue.
Invisible à des yeux humains,
Du ciel je franchis les chemins,
Pourtant sans vous perdre de vue.
Oh ! que de globes je parcours,
Nefs qui de l'air fendent les ondes !
Que d'hommes, d'oiseaux et d'amours
J'entends chanter dans tous ces mondes !
Pour votre voix docile à mes leçons,
Du Paradis j'apporte des chansons.

Aux plus éclatantes planètes
L'homme retrouve ses aïeux,
Sages, héros, saints, demi-dieux,

Affranchis de l'ombre où vous êtes.
Plus ils en sont loin, plus s'accroît
L'intérêt qu'à leur âme inspire
Le destin de ce globe étroit,
Humble hameau d'un vaste empire.
Pour votre voix docile à mes leçons,
Du Paradis j'apporte des chansons.

L'homme, peuplant l'infini même,
De l'amour doit former les nœuds
Entre ces astres lumineux
Émanés du soleil suprême.
En des temps qui nous sont cachés,
Dieu resserrant son auréole,
Les mondes, enfin rapprochés,
S'éclaireront par la parole.
Pour votre voix docile à mes leçons,
Du Paradis j'apporte des chansons.

Moi, faible oiseau, je vole encore ;
Des miens, plus haut, j'entends la voix.
Un autre ciel s'ouvre, où je vois
Du jour sans fin poindre l'aurore.
Chantres des bois, des champs, des eaux,
Forment là des chœurs de louanges.
Dieu permet aux petits oiseaux
De le chanter avec les anges.
Pour votre voix docile à mes leçons,
Du Paradis j'apporte des chansons.

Mais l'amour me fait redescendre
Vers vous qui m'avez tant pleuré ;
Et, chaque nuit, je reviendrai
Avec des chants à vous apprendre.
Puissent vos accords enivrants,
Qu'à la terre le ciel envie,
Initier les cœurs souffrants
Aux merveilles d'une autre vie !
Pour votre voix docile à mes leçons, ⎱ bis.
Du Paradis j'apporte des chansons. ⎰

MON CARNAVAL.

A ANTIER.

AIR :

Tandis qu'aimable et gai convive,
Tu règnes dans plus d'un repas,
Antier, il faut que je t'écrive
Comment je fête les jours gras.
Seul, entre ma lampe et ma chatte,
Vieux rêveur, je vois sous mes yeux
Des temps d'où notre amitié date
Passer le fantôme joyeux.

A jours pareils, notre jeunesse,
S'affublant d'habits les plus fous,
S'écriait : Joie, amour, ivresse,
Nous ont fait dieux ; imitez-nous.
Mais pourquoi d'un carton fantasque
Prenions-nous le voile importun ?
A des fronts si gais point de masque :
C'est au vieillard qu'il en faut un.

Te rappelles-tu nos soirées ?
Le champagne à crédit moussant ?
Les belles robes déchirées ?
Le rire au loin retentissant ?
Quels chants ! quels cris ! C'était merveilles
De nous voir traiter, chaque nuit,
Les plaisirs comme des abeilles
Qu'on arrête à force de bruit.

Souvenir cher à mes pensées !
Grâce à la fraîcheur qu'il leur rend,
Je souris aux heures passées,
Je m'arrange du jour mourant.
Pur de haine et d'hypocrisie,

Rêvant le bien, cherchant le beau,
Je sème un peu de poésie
Sur les marches de mon tombeau.

Cher ami, loin que je me gronde
D'avoir tant chanté le plaisir,
Quand je finirai pour ce monde,
Je n'y laisserai qu'un désir :
C'est qu'à la saison printanière,
D'heureux enfants, au teint vermeil,
Viennent, où dormira ma bière,
Sur les fleurs danser au soleil.

LEÇON DE LECTURE.

Air :

Au printemps, sous le feuillage,
Le maître d'école assis
Fait aux enfants du village
Courtes leçons et longs récits.
Vieux balafré de l'Empire,
De la voix les corrigeant,
Il dit : M'eût-on fait sergent
Si je n'avais pas su bien lire ?
A, B, C, D, point de cris, point de pleurs; ⎱
Enfants, lisez, et vous aurez des fleurs. ⎰ *bis.*

Oui, ces fleurs que je cultive
Sont les prix qu'on obtiendra.
Pour les savants je m'en prive.
En avant ! A qui mieux lira !
Bon vouloir ne peut suffire.
Sachez que l'homme de bien,
Seul, en vaut deux s'il lit bien;
En vaut trois s'il sait bien écrire.
A, B, C, D, point de cris, point de pleurs;
Enfants, lisez, et vous aurez des fleurs.

Moutard, n'as-tu pas de honte
De prendre un *n* pour un *u?*
A propos, que je vous conte
Un fait chez nous trop peu connu.
  Après nos jours de détresse,
  Voulant, le sabre au côté,
  Rapprendre la liberté,
  J'ai combattu cinq ans en Grèce.
A, B, C, D, point de cris, point de pleurs;
Enfants, lisez, et vous aurez des fleurs.

Près de quitter les Hellènes,
De toute part triomphants,
Un jour, sur le port d'Athènes,
J'entre à l'école des enfants.
  Le maître alors faisait lire
  Un marin d'âge avancé.
  Le voyant à l'A B C,
  Comme un Français, moi, j'allais rire.
A, B, C, D, point de cris, point de pleurs;
Enfants, lisez, et vous aurez des fleurs.

Venant à moi, le vieux maître
Me dit : « Voici le héros
» Qu'ici chacun veut connaître,
» Le capitaine des brûlots.
  » Il a vengé sa patrie,
  » Brisé l'orgueil du sultan,
  » Brûlé vif un capitan
  » Et fait trembler Alexandrie. »
A, B, C, D, point de cris, point de pleurs;
Enfants, lisez, et vous aurez des fleurs.

« Oui, c'est Canaris lui-même,
» Canaris, notre fierté.
» Il n'eut avec le baptême
» Qu'ignorance et que pauvreté.
  » S'il s'assied, plein de sagesse,
  » Au banc des petits garçons;
  » S'il est humble à mes leçons,

» C'est encor pour servir la Grèce [1]. »
A, B, C, D, point de cris, point de pleurs;
Enfants, lisez, et vous aurez des fleurs.

De l'écolier que j'admire
Alors je presse la main.
Canaris, jusqu'au navire,
Me conduisit le lendemain,
Et me dit sur le rivage
Ce beau mot que j'ai noté :
Le savoir, c'est liberté;
L'ignorance, c'est l'esclavage.
A, B, C, D, point de cris, point de pleurs; ⎫ bis.
Enfants, lisez, et vous aurez des fleurs. ⎭

NOTRE GLOBE.

AIR :

Mais qu'est-ce enfin que la sphère où nous sommes?
Un vieux waggon qui peut, en fendant l'air,
Sortir du rail, au nez des astronomes,
Et nous verser sur son chemin de fer.
Que de convois à puissance attractive
Semblent là-haut, comme nous, se mouvoir !
De ces waggons ce que je voudrais voir,
C'est la locomotive.

Notre planète eut une enfance étrange :
Buffon l'a dit ; Cuvier l'a constaté.
Un peu de feu, qu'enserre un peu de fange,

1. J'ai lu, je ne sais plus où, qu'un voyageur vit sortir Canaris d'une école, avec les petits Grecs qui la fréquentaient. Comme eux il portait ses livres sous son bras. Ce héros apprenait à lire et n'en avait pas honte. Heureux le pays où on ne rougit pas de bien faire! L'intrépide marin, parti de si bas, est devenu ministre depuis. Que Dieu veille sur le caractère loyal et modeste de ce grand citoyen !

Donna naissance à ce monde encroûté.
Sur l'embryon la mer jetant sa robe,
De sa vermine assez mal le purgea.
L'homme vint tard; et moi, je crains déjà
    De voir périr ce globe.

Passé, dis-moi, criai-je au bord d'un gouffre,
Combien de temps a roulé suspendu
Ce point où l'homme en passant pleure et souffre?
Et des anciens l'histoire a répondu.
Mais quelle foi peut retrouver sa route
Sous les débris de leurs dogmes nombreux?
Perses, Hindous, Grecs, Égyptiens, Hébreux,
    Nous ont légué le doute.

Le doute est froid, quelque part qu'on s'y loge.
Pour m'en tirer invoquons l'avenir.
Un nouveau Christ passe, et je l'interroge :
« Maître, ce monde un jour doit-il finir?
» — Jamais, dit-il. Vive notre planète,
» Dont ma Triade éternise le cours! »
A ses croyants ainsi répond toujours
    Ce Messie en goguette.

Si le passé n'a point d'écho fidèle,
Si l'avenir est muet et voilé,
Présent, dis-moi, notre terre doit-elle
Faire faux bond à l'empire étoilé?
Mais du passé près de franchir la porte,
Ce nain chétif, que l'avenir poursuit,
N'a pas le temps de me répondre, et fuit
    En disant : Que m'importe!

Dieu voit la fin de tout ce qu'il fait naître.
Le monde est né, le monde doit mourir.
Quand? Ah! dit l'un, avant demain peut-être.
L'autre lui donne un long temps à courir.
Tandis qu'ainsi sur l'époque assignée
Nous discutons, plus ou moins nous trompant,
Au bout d'un fil le monde est là qui pend
    Comme un nid d'araignée.

LE DIEU JEAN.

AIR : *Toto carabo.*

Tout homme à caractère
Est dieu, de loin en loin,
   Dans son coin.
Jean, qui croit à Voltaire,
Fut dieu pendant six mois,
   Le grivois!
Ah! bon Dieu! quel dieu!
Ah! bon Dieu! quel dieu!
Quel pauvre dieu, bon Dieu!
   Quel pauvre dieu,
   Quel pauvre dieu,
Né dans un mauvais lieu!

Chez de joyeuses filles,
Jean, qui loge à l'étroit,
   Sous le toit,
Pèlerin sans coquille,
Se fait dieu pour payer
   Son loyer.
Ah! bon Dieu! etc.

Jean, quelque temps prophète,
Dit: Le traiteur en moi
   N'a plus foi.
Gratis pour qu'on me fête,
Je sors de mon cerveau
   Dieu nouveau.
Ah! bon Dieu! etc.

Respectons pour l'exemple
Les dieux plus ou moins nés,
   Mes aînés.
Tributs, autel et temple,
Sont un assez bon lot

De culot.
Ah! bon Dieu! etc.

Pour le salut de l'âme,
Comme on n'a que trop fait
  Sans effet,
Des corps je me proclame
Par goût et par ferveur
  Le sauveur.
Ah! bon Dieu! etc.

Le Paradis, vieux conte,
Je le mets sous ta main,
  Genre humain.
De la terre, à mon compte,
Je referai soudain
  Un Éden.
Ah! bon Dieu! etc.

Femmes, trève au martyre!
Supprimons à tout prix
  Les maris.
Au sort je veux qu'on tire,
Pour vos poupons en tas,
  Des papas.
Ah! bon Dieu! etc.

Saint Ignace en prières
Vend ses brides à veaux
  Aux dévots.
Ce siècle de lumières
Est pour les charlatans
  Un bon temps.
Ah! bon Dieu! etc.

Jean se fait des oracles.
Bientôt dans plus d'un rang
  Le dieu prend;
S'il cache ses miracles,
C'est qu'il doit des égards

Aux mouchards.
Ah ! bon Dieu ! etc.

La foule accourt : Victoire !
Que d'or les sots mettront
   Dans son tronc !
Mais quoi ! tout l'auditoire
Trouve ce dieu de chair
   Un peu cher.
Ah ! bon Dieu ! etc.

Il parcourt la province,
Toujours déménageant,
   Sans argent.
A la foire, en bon prince,
Le dieu, dit-on, un soir
   S'est fait voir.
Ah ! bon Dieu ! etc.

Il dit, presque en syncope :
Pour un dieu quelle fin
   Que la faim !
Dieu, fais-toi philanthrope,
Avocat, perruquier
   Ou banquier.
Ah ! bon Dieu ! etc.

Enfin, à bout d'angoisse,
Jean, qui rêvait d'autel,
   S'est fait tel,
Qu'hier notre paroisse
L'a pris, sur son *Credo*,
   Pour bedeau.
Ah ! bon Dieu ! quel dieu !
Ah ! bon Dieu ! quel dieu !
Quel pauvre dieu, bon Dieu !
   Quel pauvre dieu,
   Quel pauvre dieu,
Né dans un mauvais lieu !

SAINT NAPOLÉON [1].

A UN BARON DE L'EMPIRE.

AIR :

Vous, fier baron, qui rampiez dans un temps
Fécond en lois, en travaux, en batailles,
Combien d'honneurs vous devez aux trente ans
Qui de l'Empire ont vu les funérailles !
L'aigle a légué la France aux étourneaux :
Pour un Gérard que de ....[2] !

Un homme né pour s'élever aux cieux
Se montre-t-il, tous les nains qui l'approchent
Sur ce géant se guindent de leur mieux ;
A ses habits, à ses bottes s'accrochent.
A peine il voit ces avortons, qu'il rend
Fiers de sa taille, et qu'il porte en courant.

Heureux baron, un jour il vous parla.
Sers-moi, dit-il. Et d'un signe il ajoute :
Viens ; vous venez. Va là ; vous allez là.
Mais il perdit sceptre et valets en route.
Tout, depuis lors, vous fut prospère au point,
Qu'un roi, sans vous, règnerait mal ou point.

De vos débuts ne rougissez pas trop ;
Chacun en cour passe à cette filière.

1. Pendant tout le règne de Napoléon, son patron fut
substitué, sur le calendrier, à saint Roch, qui, depuis la
Restauration, a repris sa place au 16 août. Les prêtres
composèrent à grand'peine une courte légende au saint
impérial, dont le nom même n'avait, jusque-là, paru
que dans les vieilles chroniques italiennes.
2. Plusieurs de nos généraux ont illustré le nom de
Gérard, mais aucun autant que le maréchal, dont les
vertus, le patriotisme et les talents peuvent se passer
d'éloges, tant son nom éveille d'honorables sympathies.

Notre empereur, créateur au galop,
Quand son crachat fécondait la poussière,
Fit pour un saint, dans le ciel pris d'assaut,
Ce qu'ici-bas il fit pour plus d'un sot.

Oui, son patron, vieux défunt peu connu,
Au Paradis végétait sans prébende.
De tout rayon lui voyant le front nu,
Les saints criaient au saint de contrebande :
D'où nous vient-il ? Qui l'a canonisé ?
Nous parîrions qu'il n'est pas baptisé.

Un pape intrus, disaient de bons voisins,
L'aura tiré des carrières de Rome,
De faux martyrs éternels magasins.
Chassons ce gueux ! Et contre le pauvre homme
Monsieur saint Roch court exciter son chien,
Tant les heureux ont le cœur peu chrétien.

Mais jusqu'au ciel, d'Austerlitz, d'Iéna,
Montent les bruits et les ordres du pape.
Vite on accorde au saint que l'on berna
Fleurs, auréole et triple part d'agape.
Tout lui sourit ; par une bulle *ad hoc*,
De l'almanach son nom bannit saint Roch.

Plus que Louis il a des airs de roi,
Dit le public, public de saints et d'anges
Qui tient de nous : la fortune y fait loi.
Et le bon saint, qui se gonfle aux louanges,
Perdant bientôt le peu qu'il a de sens,
Voudrait à Dieu voler sa part d'encens.

Barons ou ducs, c'est votre histoire à tous.
Napoléon d'un saint de pacotille
Fait un grand saint ; fait des rois, fait des fous,
Gave des sots qu'il prend à la coquille,
Et tombe enfin. Messieurs, sur son rocher,
C'est vous d'abord qu'il dut se reprocher.

LE JONGLEUR.

Air :

Les démons sont fous de musique.
Un obscur jongleur fut doté
Par eux, jadis, d'un luth magique
Qui rendait et joie et santé.
Grâce à de folles mélodies,
Notre homme alors vit ses refrains
Chasser ennuis et maladies,
Peines du pauvre et noirs chagrins.

Avant ce don, bien peu d'oreilles
S'éprenaient à l'ouïr chanter ;
Mais, le luth ayant fait merveilles,
Chacun chez soi veut le fêter.
—L'ami, quoique vilain de race,
Viens avec nous.—Non ; viens chez moi.
A mon foyer le pauvre a place ;
Viens chanter un festin de roi.

Notre jongleur a l'âme bonne.
Visitant châteaux et palais,
A plus d'un prince il fait l'aumône
De joyeux airs, de gais couplets.
Aux gens qu'épuise le servage
Il court rendre aussi la gaîté.
La gaîté leur rend le courage
Qui fait rêver de liberté.

Martyr d'une goutte obstinée,
A lui qu'un prélat ait recours ;
Qu'une fillette abandonnée
Pleure sur d'inconstants amours ;
Armé du luth, près d'eux il vole,
Heureux de voir, en peu d'instants,

Malade et vierge qu'il console ;
Sourire au retour du printemps.

Aussi, qu'il passe, on se le montre,
Partout, vieillards, filles, garçons,
Disent : On bénit sa rencontre
Quand son luth éclate en chansons.
Que de bonheur il en retire,
Si tant d'échos, émus cent fois,
Vont à l'oreille lui redire
Les chants que leur souffle sa voix !

Mais, sur son grabat, quels fantômes
Chaque jour troublent ses esprits !
Il ressent là tous les symptômes
Des maux que son luth a guéris.
Ennuis, chagrins, fièvres, misère,
Se vengent du roi des jongleurs.
L'amour s'y joint, amour sincère
Qui ne l'a nourri que de pleurs.

Il recourt à son luth sonore.
Sous ses doigts il se brise, hélas !
Une des cordes vibre encore ;
De ma mort, dit-il, c'est le glas.
Avant l'âge enfin il succombe,
De son art même fatigué ;
Et l'on grave en or sur sa tombe :
Des mortels ci-gît le plus gai.

CHACUN SON GOUT.

COUPLET.

AIR :

Je donnerais, pour revivre à vingt ans,
L'or de Rothschild, la gloire de Voltaire.
Mais d'autre sorte on calcule en ce temps,
Chez l'auteur même, et nul n'en fait mystère.

On veut gagner, gagner, gagner encor.
J'en sais plusieurs, le pourra-t-on bien croire,
Qui donneraient, pour leur plein gousset d'or,
Et leurs vingt ans et Voltaire et sa gloire.

LE PACTOLE.

COUPLET

A DEUX JOLIES FEMMES DE FINANCIERS.

Air :

Aux bords infects du Pactole des fables,
Mouraient les fleurs : le vautour seul buvait.
    Aucun doux oiseau ne bravait
    La lourde vapeur de ses sables.
Loin de ce fleuve Amour fuyait alors.
    Chez nous autrement vont les choses.
Bien qu'il attire et vautours et butors,
    Notre Pactole a sur ses bords
    Et des colombes et des roses.

L'OLYMPE RESSUSCITÉ.

Air : *Gentille Madelinette, ou le Violon brisé.*

Rien ne s'en va qui ne revienne,
Sinon toujours, au moins trois fois.
Des Jésuites qu'il vous souvienne ;
Qu'il vous souvienne aussi des rois.

Les dieux s'en vont, mais en province.
Là que de dieux j'ai découverts !
De ceux que le bon sens évince
De notre ciel et de nos vers.

J'entre dans une académie,
Où le beau parleur du canton

Prédit qu'une école ennemie
Aura le sort de Phaéton.

Puis un prêtre, en citant Horace,
Me dit: J'ai du vin renommé;
Venez dîner sur mon Parnasse,
Coteau que Flore a parfumé.

Chez ce curé, rimeur classique,
A table je me vois assis
Entre Momus, fils de l'Attique,
Et Jupiter aux noirs sourcils.

Tout l'Olympe dîne à la cure :
Phœbus mange en auteur glouton;
Neptune trinque avec Mercure;
Bacchus rit au nez de Pluton.

Si Minerve est toujours bégueule,
Vénus, qui tient Mars aux arrêts,
De champagne arrose la meule
Où l'Amour dérouille ses traits.

Dieux puissants, leur dis-je après boire,
A vos atours secs et mesquins,
En vous, des vieux peintres d'histoire
Je crois voir tous les mannequins.

Las! Nos vainqueurs faisant ripaille,
Répondent-ils, depuis vingt ans,
Ont mis l'Olympe sur la paille.
Encor si c'était des Titans !

Mais silence! Apollon s'enflamme;
Le dieu dit: Monsieur le curé,
Pour l'Olympe, dont je suis l'âme,
Ne chantez plus *Miserere*.

Les doigts de rose de l'Aurore
Vont enfin nous rouvrir les cieux.

Ce qui fut doit renaître encore :
Les morts ne sont jamais trop vieux.

Curé, par un retour de mode,
Troquant l'excès contre l'abus,
Vous remonterez, d'ode en ode,
Du galimatias au phœbus.

C'est nous que la sculpture invoque ;
La peinture nous reviendra.
Rentrons, pour illustrer l'époque,
Dans les gloires de l'Opéra.

La harpe et la mythologie
Vont saper un Pinde ostrogoth ;
Pour nous ont combattu : l'orgie,
Le laid, le trafic et l'argot.

Déjà meurt l'école nouvelle ;
Déjà Satan bâille et s'en va.
Viens, Jupin, du haut de l'échelle
Voir dégringoler Jéhovah.

A nous si l'ennemi s'oppose,
Passons, sans crainte de revers,
Entre les vides de la prose
Et le vide plus grand des vers.

Que de bourreaux en prose, en rimes !
Que de meurtres qui font pitié !
Muses, vite, à travers ces crimes
Passez sur la pointe du pied.

Grâce aux doctrines éclectiques,
En France on doit s'entendre au mieux
A redorer les basiliques,
A rebadigeonner les dieux.

Las de notre long ostracisme,
Paris va nous tendre les bras ;

Il prouve assez son atticisme
Par le cortége du bœuf gras.

Le Bon Sens, à notre passage,
Dira : Puisque je n'y peux rien,
Vivent les dieux ! Qu'importe au sage
D'être à la fois juif et païen !

En avant l'Olympe homérique !
Vieux Pégase, accours, et je pars.
Mais respect à la politique !
Ici laissons Neptune et Mars.

Ah ! dit le curé, sur tes traces,
Phœbus, nous touchons à nos fins.
Chantez, Amours, Muses et Grâces :
Faites la barbe aux Séraphins.

Rien ne s'en va qui ne revienne,
Sinon toujours, au moins trois fois.
Des Jésuites qu'il vous souvienne ;
Qu'il vous souvienne aussi des rois.

LES PAPILLONS.

Air :

La grand'mère, au temps jadis,
Répétait à la fillette :
Prie, enfant, car tu grandis ;
Le diable est là qui te guette.
Point de jeux trop séduisants.
Je suis vieille, on doit me croire.
Viens d'une âme de douze ans,
Ma fille, écouter l'histoire.
Crains le diable ; mais crois bien   } bis.
Que l'Enfer vaut mieux que rien. }

D'un village mis à sac
Le diable emportait les âmes.
Il en avait un plein sac,
Qu'il allait jeter aux flammes.
Las du fardeau, lui, si fort,
S'est assis sous une treille.
La main au sac, il s'endort;
Car Dieu permet qu'il sommeille.
Crains le diable; mais crois bien
Que l'Enfer vaut mieux que rien.

Des oiseaux l'ont reconnu :
Frères, disent-ils, courage!
Sans bruit, de l'ange cornu
Courons entr'ouvrir la cage.
Vite, vite, au sac de cuir
Leur bec fait un trou d'aiguille,
Par où, seule, a peine à fuir
L'âme d'une jeune fille.
Crains le diable; mais crois bien
Que l'Enfer vaut mieux que rien.

Il s'éveille! Où se cacher?
L'âme avec les oiseaux vole
Sous le toit d'un saint clocher.
Le malin ne s'en désole.
Dieu me défend d'aller là;
Mais, sachez-le, ma colombe :
Qui de mes rêts s'envola
Sous ma griffe un jour retombe.
Crains le diable; mais crois bien
Que l'Enfer vaut mieux que rien.

Satan part; et les oiseaux
De dire à l'âme sauvée :
Auriez-vous fait des réseaux
Ou détruit quelque couvée?
—Non, messieurs les oisillons :
Plus coupable pécheresse,
Pour chasser aux papillons,

J'ai vingt fois manqué la messe.
Crains le diable ; mais crois bien
Que l'Enfer vaut mieux que rien.

— Dieu sourit au repentir ;
Suppliez-le bien, pauvrette.
Pour vous nous allons bâtir
Un nid dans notre retraite.
Ce toit, qui l'éveille aux champs,
Vous rend la prière aisée.
Nous vous nourrirons de chants,
De fleurs, de miel, de rosée.
Crains le diable ; mais crois bien
Que l'Enfer vaut mieux que rien.

N'osant quitter ce séjour,
Sous la croix l'âme abritée,
D'abord soigne avec amour
Les petits de la nitée.
Puis ce beau zèle s'éteint ;
Même elle néglige encore,
Chez des chantres du matin,
Comme eux de bénir l'aurore.
Crains le diable ; mais crois bien
Que l'Enfer vaut mieux que rien.

Certain jour qu'ils vont au loin :
Quel ennuyeux tas de pierres !
Dit-elle ; et qu'est-il besoin
D'y sonner tant de prières ?
Ciel ! aux champs, dans un sillon,
Que vois-je ? Un papillon brille !
Certe, un si beau papillon
N'est pas né d'une chenille.
Crains le diable ; mais crois bien
Que l'Enfer vaut mieux que rien.

Elle vole, et, d'un élan,
Jusqu'à l'insecte elle arrive.
Sainte Vierge ! c'est Satan

Qui lui crie : Ah ! fugitive,
Je vous tiens. Ne priez pas ;
C'est trop tard. Vite à mon bouge !
Vous attraperez là-bas
Des papillons de fer rouge.
Crains le diable ; mais crois bien
Que l'enfer vaut mieux que rien.

Nos oiseaux au toit qui pend
Rentrent : O l'infortunée !
Le diable à l'œil de serpent
D'en bas l'aura fascinée,
Disent-ils. Où la chercher ?
Dans les flammes éternelles.
Sans pouvoir l'en arracher
Nous y brûlerions nos ailes.
Crains le diable ; mais crois bien } *bis*.
Que l'Enfer vaut mieux que rien.

LA DERNIÈRE FÉE.

Air *d'Angéline.*

Près du rivage où le druide austère,
Chez les Bretons, ensevelit ses dieux,
Au vieux curé, qui bêche son parterre,
Vient d'apparaître un messager des cieux.
C'est un ange. Oui : l'auréole, les ailes,
Tout le lui prouve. Il se signe, et soudain,
Malgré la brume, il voit dans son jardin
Oiseaux s'ébattre et fleurs briller plus belles.
Sous un ciel sombre et les vents et les flots } *bis*.
Poussent au loin de funèbres sanglots.

Parmi les fleurs l'ange aussitôt moissonne.
Ah ! dit le prêtre, il veut parer nos saints.
L'ange sourit : Pour mettre une couronne
Sur un tombeau, je te fais ces larcins,

Dit-il. Entends des plaintes étouffées
Traverser l'air ; vois ce ciel triste et noir.
Dans l'anse où croule un noble et vieux manoir,
Vient de mourir la dernière des fées.
Sous un ciel sombre et les vents et les flots
Poussent au loin de funèbres sanglots.

LE PRÊTRE.

Comment ! chez nous, encore un pareil être !

L'ANGE.

Certes ; bien loin des savants, des penseurs,
Sous le dolmen qui jadis la vit naître,
Dieu lui permit de survivre à ses sœurs.
Croire à ses dons tenait lieu d'abondance ;
D'heureux efforts naissaient de vœux ardents ;
Même à sauver vos pécheurs imprudents
La bonne fée aidait la Providence.
Sous un ciel sombre et les vents et les flots
Poussent au loin de funèbres sanglots.

LE PRÊTRE.

Ses dons jamais n'ont fécondé nos grèves.

L'ANGE.

Non ; mais sais-tu combien sur le malheur
Elle a versé d'espérance et de rêves ;
Combien versé de baume à la douleur !
Le pauvre, en songe, atteignait aux délices
Des plus grands rois ; Dieu point ne le défend :
Ce Dieu qui sait de quoi pleure l'enfant,
Et qui bénit le doux chant des nourrices.
Sous un ciel sombre et les vents et les flots
Poussent au loin de funèbres sanglots.

Vient un savant que la vapeur amène.
La fée en rose était changée alors.
Il s'en saisit, l'effeuille ; ô phénomène !
Son doigt la tue ; à ses pieds roule un corps,

Un corps de vierge à la beauté divine.
La mer, dit-il, jusqu'ici l'a jeté.
Car la science, aveugle majesté,
Ne croit à rien qu'au peu qu'elle devine.
Sous un ciel sombre et les vents et les flots
Poussent au loin de funèbres sanglots.

Le savant passe. Elle, aux concerts célestes,
Monte en esprit, et d'énormes oiseaux
Viennent creuser une fosse à ses restes.
Va croître un if où dormiront ses os.
Sur les débris d'un antique trophée,
Ombre immortelle, un barde en ce moment
Apparaît là : Guerrier, poëte, amant,
Pleurez, dit-il ; vous n'avez plus de fée.
Sous un ciel sombre et les vents et les flots
Poussent au loin de funèbres sanglots.

Je vois dans l'air tous les dieux de l'Attique,
Tous ceux du Nord, du Nil et de l'Indus.
Ces vieux parents de la vierge celtique
Vont l'entourer d'honneurs qui lui sont dus.
Prêtre, ainsi qu'eux du ciel favorisée,
Elle eut pour sœur la vierge que tu sers.
Dieu brille au fond de vos cultes divers,
Comme l'aurore aux gouttes de rosée.
Sous un ciel sombre et les vents et les flots
Poussent au loin de funèbres sanglots.

LE PRÊTRE.

Mais de son culte à peine a-t-on mémoire :
Contre l'oubli Dieu défend ses desseins.

L'ANGE.

D'un Empyrée elle eut sa part de gloire,
Temples, autels, prêtres, martyrs et saints.
Longtemps par elle a surnagé la race
Des nations que lui soumit le sort.
Né de leur sang, vieux Breton, plains sa mort,
Dernier soupir d'un monde qui trépasse.

Sous un ciel sombre et les vents et les flots
Poussent au loin de funèbres sanglots.

LE PRÊTRE.

Quoi! pur esprit, vous allez sur sa tombe
Vous joindre aux dieux, mensonges du passé?

L'ANGE.

Hors le grand Dieu, tu le vois, tout succombe.
Crains pour le temple où la foi t'a bercé.
A tes autels si déjà l'homme insulte,
Prêtre, à la fée accorde quelques pleurs,
Et viens m'aider à suspendre ces fleurs
Sur l'humble fosse où descend tout un culte.
Sous un ciel sombre et les vents et les flots } bis.
Poussent au loin de funèbres sanglots.

LE SAVANT.

Air :

Un bon vieillard consultait une sphère.
    A rêver vingt fois il se prend.
Vient un savant qui le regarde faire,
    Et dit tout haut : Pauvre ignorant !
Apprends de nous les secrets que tu sondes,
    Si tu n'es le fou qui, dit-on,
Traite de fous ceux qui pèsent les mondes
    Dans la balance de Newton.

A ce propos, le vieillard de sourire :
    L'attraction m'a peu séduit ;
N'en parlons pas ; mais vous, daignez me dire
    Comment la chaleur se produit.
Dans tout système, un seul fait qu'on ignore
    Doit tenir le doute en éveil.
Or, il vous reste à deviner encore
    La grande énigme du soleil.

7

Vos devanciers vous ont dressé l'échelle :
    Montez ; ils vous tendent la main.
Faites qu'à tous votre savoir révèle
    Un progrès de l'esprit humain.
Qui ne connaît jusqu'au moindre cratère
    Ce monde orphelin de ses dieux ?
Nous n'avons plus d'inconnu sur la terre,
    Il nous faut l'inconnu des cieux.

Trop longtemps l'homme à la taille du globe
    De ses dieux borna la hauteur.
Creusez le ciel ; que rien ne nous dérobe
    L'œuvre sans fin du Créateur.
Le mouvement part de sa main féconde :
    Suivez-le, mais les yeux ouverts,
Et révélez à notre petit monde
    Le Dieu de l'immense univers.

Au sentiment accordez une place...
    A ces mots le savant s'enfuit.
Ce fou, dit-il, aurait besoin de glace.
    Le sentiment n'est qu'un produit.
Mais le vieillard lui crie : A tort, vous dis-je,
    La mécanique est votre loi ;
C'est Dieu lui seul, oui, c'est Dieu qui dirige
    Tous ces globes où l'homme est roi.

PLUS D'OISEAUX.

POUR MON ANNIVERSAIRE.

AIR :

Je cultivais un coin de terre
    Dont les ombrages m'enchantaient.
Là, quand je rimais solitaire,
    Dans mes vers mille oiseaux chantaient.
Me voilà vieux ; plus rien n'éveille

Ces bosquets jadis si peuplés.
En vain l'écho prête l'oreille :
Tous les oiseaux sont envolés.

Quel est, dites-vous, ce domaine ?
Eh ! mes amis, c'est la chanson,
Où mon vieil esprit, hors d'haleine,
Court battre en vain chaque buisson.
De mes ans sur l'enclos modeste
Les frimas sont accumulés ;
Pas un roitelet ne me reste.
Tous les oiseaux sont envolés.

Que le riche été se couronne
Des épis que nous attendons ;
Qu'à nos yeux rougisse l'automne,
Plus d'oiseaux pour chanter leurs dons.
En vain le printemps ressuscite
Les fleurs sur nos bords consolés ;
Lorsqu'à chanter l'amour invite,
Tous les oiseaux sont envolés.

C'est mon hiver qui les effraie ;
Ils ne reviendront plus au nid.
J'en juge aux vers que je bégaie
Quand l'amité nous réunit.
Antier, toi que mieux elle inspire,
Chante nos beaux jours écoulés ;
Trompe l'écho prêt à redire :
Tous les oiseaux sont envolés.

MON OMBRE.

AIR :

L'oiseau module un dernier chant ;
Moi, vieillard, j'écoute et je songe.
Mais, aux feux du soleil couchant,
Je vois mon ombre qui s'allonge,

S'allonge et semble aller s'asseoir
Au bord de la route poudreuse.
Elle aspire au repos du soir ;
Mon ombre devient paresseuse.

A quoi l'ai-je donc pu lasser ?
Au temps froid comme au temps des roses,
Si je marchais seul pour penser,
Pour rêver j'ai fait bien des pauses.
Alors de trop graves sujets
Forçaient-ils mon vol à s'étendre,
Tandis qu'au ciel je voyageais,
Mon ombre dormait à m'attendre.

Chantais-je à de joyeux banquets ;
Sitôt qu'elle y pouvait paraître,
Derrière moi, comme un laquais,
La moqueuse singeait son maître.
Tard au logis rentrant parfois,
Quand l'aï tournait au mirage,
Au clair de lune, je le crois,
Mon ombre eût fait rougir un sage.

Je ne veux non plus le cacher :
Jadis des ombres moins fidèles,
A ses bras daignant s'attacher,
La faisaient courir avec elles.
C'était le temps des jours d'espoir,
Des nuits d'amour toutes remplies.
Dans ces nuits, grâce à l'éteignoir,
Mon ombre a fait peu de folies.

Les beaux rêves m'ont tous quitté.
Où sont les ombres des sylphides ?
A peine un rayon de gaîté
Glisse encore à travers mes rides.
Il est un fantôme divin
Qui rend le soir des ans moins sombre :
C'est la gloire, hélas ! mais en vain
Mon ombre a poursuivi cette ombre.

Une ombre de Dieu brille en nous ;
Je le sens, et pourtant j'ignore
Ce qu'à ses yeux nous sommes tous,
Sur ce vieux sol qui nous dévore.
Mais le soleil disparaissant
Peut-être résout ce problème,
Car il semble qu'en s'effaçant
Mon ombre dise : Ombre toi-même.

LA COLOMBE

ET LE CORBEAU DU DÉLUGE.

AIR :

LE CORBEAU.

Colombe, où cherches-tu refuge ?

LA COLOMBE.

Je vole à Noé plein de foi,
Annoncer la fin du déluge.
Corbeau, rentre au gîte avec moi.

LE CORBEAU.

Non. De ces monts l'eau se retire ;
Tout promet fortune aux corbeaux.
D'un homme ici vois les lambeaux.
Et l'oiseau noir se prend à rire.

LA COLOMBE.

Porte avec moi l'espoir dans l'arche ;
Montrons les flots moins soulevés,
Et rendons grâce au patriarche.
Corbeau, l'homme nous a sauvés.

LE CORBEAU.

Oui, pour repeupler son empire,
Et nous croquer, gros ou petit.

Souhaite-lui bon appétit.
Et l'oiseau noir se prend à rire.

LA COLOMBE.

L'homme sur toute créature
Règne, et du ciel vient cette loi.

LE CORBEAU.

J'en doute fort; car la nature
Partout pâlit devant son roi.
Mais, dans l'abîme qui l'attire
Va s'engouffrer son lourd bateau :
Je le vois là-bas qui fait eau.
Et l'oiseau noir se prend à rire.

LA COLOMBE.

Non : Dieu réserve une famille.
L'Océan reprend son niveau;
Un signe de paix au ciel brille :
Il va naître un monde nouveau.

LE CORBEAU.

Des mondes il sera le pire
Si l'homme doit en hériter.
Dieu devrait bien me consulter.
Et l'oiseau noir se prend à rire.

LA COLOMBE.

Prophète de désespérance,
Tu ris des maux que tu prévois.
Moi, pour calmer une souffrance,
Je donnerais plumage et voix.
Adieu. Tu me ferais maudire ;
Je ne veux vivre que d'amour.

LE CORBEAU.

Tu veux donc vivre à peine un jour.
Et l'oiseau noir se prend à rire.

LA COLOMBE.

Méchant! Qu'ici ton fiel s'épanche.
Je vais aux mortels malheureux
De l'olivier porter la branche
Que Dieu m'a fait cueillir pour eux.

LE CORBEAU,

Ma colombe, ils te feront cuire
Avec le bois de ce rameau.
De Satan l'homme est le jumeau.
Et l'oiseau noir se prend à rire.

MA CANNE.

AIR :

Le soleil aux champs d'aller nous fait signe ;
Chaque jour s'enfuit de fleurs couronné.
Viens, mon compagnon, humble cep de vigne,
Ami qu'en riant le sort m'a donné.
De quel cru fameux versas-tu l'ivresse?
L'ai-je célébré dans un gai repas?
Si jadis ta sève égara mes pas,
Toi seul aujourd'hui soutiens ma vieillesse.
   A travers bois, prés et moissons, } bis.
   Allons glaner fleurs et chansons.

Viens, loin des fâcheux, méditer ensemble ;
Je me fie à toi de tous mes secrets.
Tu m'entends chanter, d'une voix qui tremble,
De grands souvenirs, de tendres regrets.
Au froid, à la neige, au flot des ondées,
Au bruit du tonnerre, au fracas du vent,
Combien, triste ou gai, quand je vais rêvant,
Sous mon vieux chapeau bourdonnent d'idées !
   A travers bois, prés et moissons,
   Allons glaner fleurs et chansons.

Souvent, tu le sais, j'ai refait le monde,
De trésors rêvés comblé mes amis.
En projets heureux mon esprit abonde;
Que d'excellents vers je me suis promis!
Enfant de Paris, perdu dans ses fanges,
Je devais, sans nom, battre les pavés;
Mais, pour me reprendre aux enfants trouvés,
La muse avait mis sa marque à mes langes.
   A travers bois, prés et moissons,
   Allons glaner fleurs et chansons.

Ce fut ma nourrice : Enfant, disait-elle,
Vois, écoute, lis. Ou, prenant ma main :
Suis-moi hors des murs ; la campagne est belle,
Viens cueillir, pauvret, les fleurs du chemin.
Depuis, loin des biens dont la soif dévore,
La muse à mon feu prit goût à s'asseoir,
Et, quoique affaiblie, a des chants du soir
Pour le vieil enfant qu'elle berce encore.
   A travers bois, prés et moissons,
   Allons glaner fleurs et chansons.

Dirige le char de la République,
M'ont crié des fous, sages d'à présent.
Qui, moi! m'atteler au joug politique,
Lorsqu'il faut un aide à mon pas pesant!
Ai-je à tel labeur force qui réponde?
Qu'en dis-tu, bâton, las de me porter?
Tu gémirais trop de voir ajouter
Au poids de mon corps tout le poids d'un monde.
   A travers bois, prés et moissons,
   Allons glaner fleurs et chansons.

A mes premiers temps j'ai vieilli fidèle.
Tout un passé meurt, mourons avec lui.
Mon cep, je te lègue à l'ère nouvelle;
Sois pour des vaincus un dernier appui.
Oui, sachant, ami, dès que le jour tombe,
Combien de faux pas je ferais sans toi,

Pour quelque proscrit, tribun, pape ou roi,
Je veux te laisser au bord de ma tombe.
  A travers bois, prés et moissons, ⎞
  Allons glaner fleurs et chansons. ⎠ *bis.*

LES TAMBOURS.

Air : *Faut d' la vertu, etc.*

Tambours, cessez votre musique;
Rendez la paix à mon réduit.
J'aime peu votre politique,
Et moins encor j'aime le bruit.
Terreur des nuits, trouble des jours, ⎞
Tambours, tambours, tambours, tambours, ⎟ *bis.*
M'étourdirez-vous donc toujours, ⎟
Tambours, tambours, maudits tambours. ⎠

Grâce à vos roulements stupides,
Ma vieille muse, en désarroi,
Retrouve des ailes rapides;
Mais c'est pour s'enfuir loin de moi.
Terreur des nuits, etc.

Quand la nappe ici se déploie,
Qu'on y fait trève aux noirs frissons,
Gronde un rappel; adieu la joie!
Il redouble; adieu les chansons!
Terreur des nuits, etc.

Je chantais un peuple de frères;
Le tambour bat : j'avais rêvé.
Le sang de maints partis contraires
Fraternise sur le pavé.
Terreur des nuits, etc.

Sous l'Empire, ils ont fait merveille.
J'ai vu ces racoleurs puissants

Du génie assourdir l'oreille,
Étouffer la voix du bon sens.
Terreur des nuits, etc.

Celui qu'à régner Dieu condamne,
S'il veut faire en grand son métier,
Sait combien il faut de peaux d'âne
Pour abrutir le monde entier.
Terreur des nuits, etc.

En France, où leur esprit domine,
A l'église ils vont bourdonner.
Tout charlatan se tambourine ;
Tout marmot veut tambouriner.
Terreur des nuits, etc.

Ils flattent jusque dans sa bière
Le sot qui meurt chargé de croix ;
Et font vœu, chez la cantinière,
De battre aux champs pour tous les rois.
Terreur des nuits, etc.

Nous, peuple épris en politique
Du tapage et des galons d'or,
Pour présider la République
Faisons choix d'un tambour-major.
Terreur des nuits, trouble des jours,
Tambours, tambours, tambours, tambours, } *bis.*
M'étourdirez-vous donc toujours,
Tambours, tambours, maudits tambours.

HISTOIRE D'UNE IDÉE.

AIR *de la Rosière de Salency.*

Idée, idée ! éveille-toi.
Vite, éveille-toi, Dieu t'appelle.
Sommeillait-elle au front d'un roi ?
Au front d'un pape dormait-elle ?

CHOEUR DE BOURGEOIS.

Une idée a frappé chez nous.
Fermons notre porte aux verroux. } *bis.*

D'un tribun ou d'un courtisan
Est-ce l'ouvrage ou la trouvaille?
Non. Fille d'un simple artisan,
Elle a vu le jour sur la paille.
Une idée, etc.

Quoi! toujours, s'écrie un bourgeois,
Des prétentions mal fondées!
Pour l'émeute encore une voix.
Nous n'avons eu que trop d'idées.
Une idée, etc.

De l'Institut les souverains
Disent : Sachez, petite fille,
Que nous ne servons de parrains
Qu'aux enfants de notre famille.
Une idée, etc.

Un philosophe crie : Eh quoi!
Quelqu'un a cru, cervelle folle,
D'une idée accoucher sans moi!
Il n'en sort que de mon école.
Une idée, etc.

Un prêtre dit : Siècle de fer,
Ce qui naît de toi m'épouvante.
Toute idée est fille d'enfer :
Si Dieu créa, le diable invente.
Une idée, etc.

Un charlatan, qui vient la voir,
L'escamote, fuit et répète :
Sans tambour, que peut le savoir?
Que peut le savoir sans trompette?
Une idée, etc.

Mais, malgré trompette et tambour,
Cette idée est sans doute ancienne,
Se dit chacun; et, tour à tour,
Chacun lui préfère la sienne.
Une idée, etc.

Pauvre idée! Enfin un Anglais
L'achète; et le sir Britannique
A Londres lui donne un palais,
En criant : C'est ma fille unique!
Une idée, etc.

En France, avec ce père intrus,
Elle accourt. Que d'or elle apporte!
Du fisc les valets malotrus
Vite au nez lui ferment la porte.
Une idée, etc.

Mais en fraude admise à la cour,
Comme anglaise on lui rend justice.
Son vrai père, le même jour,
Pauvre et fou, mourait à l'hospice.
Une idée a frappé chez nous.   } *bis.*
Fermons notre porte aux verroux.   }

LES BÉNÉDICTIONS.

Air : *Échos des bois.*

Certains mortels ont le don de répandre
Bonheur et joie, où se portent leurs pas.
Au temps passé l'on ne s'y trompait pas.
Témoin ces mots qu'enfant j'ai pu comprendre :
O bon vieillard, chez nous daignez venir; } *bis.*
Béni de Dieu, venez tous nous bénir.   }

Or, ce vieillard sortait-il de son chaume,
Le rencontrer était présage heureux.

Oui, répétaient les villageois entre eux,
Il suffirait à bénir un royaume.
O bon vieillard, chez nous daignez venir;
Béni de Dieu, venez tous nous bénir.

On l'invoquait à chaque catastrophe;
Aux cœurs en peine il semblait un sauveur.
Maint hobereau le traitait de rêveur,
Et le curé l'appelait philosophe.
O bon vieillard, chez nous daignez venir;
Béni de Dieu, venez tous nous bénir.

Chacun de lui nous contait des merveilles,
Disant : Il sait légendes et chansons.
Courez, enfants, à ses douces leçons,
Comme à sa voix reviennent les abeilles.
O bon vieillard, chez nous daignez venir;
Béni de Dieu, venez tous nous bénir.

Il a passé tout près de ces charmilles,
Disait la mère; aussi, combien de fleurs !
C'est grâce à lui que de riches couleurs
Va s'émailler le corset de nos filles.
O bon vieillard, chez nous daignez venir;
Béni de Dieu, venez tous nous bénir.

Quand le ciel brûle, aux travailleurs en nage
Court-il aider; glaneuse et moissonneur
De dire alors : Il nous vient du bonheur;
Sur le soleil Dieu déploie un nuage.
O bon vieillard, chez nous daignez venir;
Béni de Dieu, venez tous nous bénir.

D'un si doux charme il ignorait les causes.
Sans croire en soi, l'homme que Dieu bénit
Passe, et l'oiselle est tranquille en son nid;
Passe, et vers lui monte l'encens des roses.
O bon vieillard, chez nous daignez venir;
Béni de Dieu, venez tous nous bénir.

Nous n'avons plus cette foi qu'on envie.
Qu'importe, enfants. Survient-il un vieillard ;
S'il vous sourit, s'il vous suit du regard,
Inclinez-vous : il bénit votre vie.
O bon vieillard, chez nous daignez venir ; ⎫
Béni de Dieu, venez tous nous bénir. ⎭ *bis.*

ENFER ET DIABLE.

Air :

Le Diable et l'Enfer, jeune Adèle,
Font, dites-vous, peur aux Amours.
Jadis j'ai vu l'ange rebelle ;
Il m'a joué de malins tours.
Bien loin d'avoir mine effroyable,
Les beaux yeux qu'avait Lucifer !
Plus alors je croyais au Diable,
Moins je voulais croire à l'Enfer.

Mais les ans m'ont prêché de sorte,
Que de mes doutes je rougis.
De l'Enfer j'ai trouvé la porte
Et vu le Diable en son logis.
Adèle, c'est chose incroyable
Pour qui n'a pas encor souffert :
Sachez que chacun est son Diable ;
Que chacun se fait son Enfer.

RÊVE DE NOS JEUNES FILLES.

Air :

Le petit oiseau sur la branche
Laisse mourir son chant d'amour ;
Et midi voit le lis qui penche
S'alanguir sous les feux du jour.

Le petit oiseau sur la branche
Laisse mourir son chant d'amour.

Comme elle dort, la jeune fille,
Sur les coussins de ce boudoir !
Elle a mis bas coiffe et mantille;
Près d'elle en vain brille un miroir.
Comme elle dort la jeune fille,
Sur les coussins de ce boudoir !

Là, de sa dernière pensée,
Sa bouche encor garde un souris.
Le ciel brûlant l'aura forcée
De quitter ses jeux favoris.
Là, de sa dernière pensée,
Sa bouche encor garde un souris.

De sa paupière demi-close
S'échappe un vague et doux regard.
Quelle élégance dans sa pose !
C'est un modèle offert à l'art.
De sa paupière demi-close
S'échappe un vague et doux regard.

Un songe vient du bout de l'aile
Effleurer ce lac endormi.
Quel sentiment s'éveille en elle ?
Son corps se soulève à demi.
Un songe vient du bout de l'aile
Effleurer ce lac endormi.

Peut-être elle s'affole en rêve
D'un beau page au blanc palefroi,
Qui dit : Dame, je vous enlève;
Montez vite en croupe avec moi.
Peut-être elle s'affole en rêve
D'un beau page au blanc palefroi.

Peut-être aux pieds de cette Laure
Un nouveau Pétrarque a chanté.

Fière du chantre qui l'adore,
Elle embellit sa pauvreté.
Peut-être aux pieds de cette Laure
Un nouveau Pétrarque a chanté.

Peut-être au ciel s'envole-t-elle?
Du ciel son âge a souvenir.
Au toit natal c'est l'hirondelle
Que le printemps voit revenir.
Peut-être au ciel s'envole-t-elle?
Du ciel son âge a souvenir.

Ma dormeuse enfin se réveille.
Son cœur bat à rompre un lacet.
— Que murmurait à ton oreille
Le bon ange qui te berçait?
Ma dormeuse enfin se réveille.
Son cœur bat à rompre un lacet

— Le sort me faisait ses largesses.
De bonheur je poussais un cri
Dans l'enivrement des richesses
Que m'apportait un vieux mari.
Le sort me faisait ses largesses.
De bonheur je poussais un cri.

— Quoi! des trésors sont ta rosée,
Fleur brillante au parfum si doux?
— Oui, de la foule jalousée,
J'avais de l'or jusqu'aux genoux.
— Quoi! des trésors sont ta rosée,
Fleur brillante au parfum si doux?

Devant ce rêve du jeune âge,
Adieu nos rêves d'avenir!
L'enfant en remontre au vieux sage;
L'or aujourd'hui vient tout ternir.
Devant ce rêve du jeune âge,
Adieu nos rêves d'avenir!

LE CORPS ET L'AME.

AIR :

Un vieillard mourait, et son âme
Partait pour retourner aux cieux.
Le corps la retient et réclame
Un instant de derniers adieux.
Sur sa paille, il s'écrie : Arrête !
Songe qu'à toi Dieu m'a donné.
Pourquoi fuir comme une lorette
Fuit l'amant qu'elle a ruiné ?
Morts embaumés dans votre bière,
A vous clergé, croix et bannière.
   Pauvre corps sans linceul,
      Va-t'en seul !
                    bis.

Quoi ! dit l'âme, abjecte dépouille,
Tu veux retarder mon départ !
Habit dont le contact me souille,
Vas au néant rendre sa part.
Dieu me rappelle à sa lumière :
Déjà s'endorment tes douleurs.
Qu'importe après que ta poussière
Féconde épis, arbres ou fleurs !
Morts embaumés, etc.

Ingrate ! Je suis loin de croire
Qu'à toi mes sens aient tout appris.
Mais de mes soins garde mémoire :
Ils datent de nos premiers cris.
Quand rien, regard, geste, parole,
Au berceau, ne te révélait,
Qui se fit ton maître d'école ?
Mon instinct, ton frère de lait.
Morts embaumés, etc.

Vint notre jeunesse fleurie.
Tu te mirais dans ma beauté,
Et prodiguais, par braverie,
Ma force et mon agilité.
Qu'alors je souffris de sévices!
Car tes folles émotions
De mes besoins faisaient des vices;
De mes penchants des passions.
Morts embaumés, etc.

Du jeu voulant solder les dettes,
Et du ciel niant la bonté,
Dans la Seine, un soir, tu me jettes :
Lâche abus de l'autorité.
Mais de raison le flot te prive;
Nature me rend tout pouvoir.
Je nage, aborde, et sur la rive
Je change en pleurs ton désespoir.
Morts embaumés, etc.

Plus tard, misère et sciatique
Furent mes moindres maux, hélas!
Professeur de métaphysique,
Dans ce grenier tu m'installas.
Au sommet des lois éternelles,
A jeun, étions-nous parvenus,
Tu te vantais d'avoir des ailes,
Quand souvent je marchais pieds nus.
Morts embaumés, etc.

Enfin, nous surprend la vieillesse,
Tous deux las, tous deux abattus.
De mon déclin naît la sagesse;
L'impuissance abonde en vertus.
Là-haut, ne t'en fais pas un titre;
Cette sagesse a ressemblé
Aux fleurs d'hiver que sur la vitre
Fait éclore un soleil gelé.
Morts embaumés, etc.

Donc, enfant, qui sors de tes langes,
Bénis ton premier vêtement.
Va de Dieu chanter les louanges;
Oui, pars, et qu'il te soit clément.
Je sens s'anéantir mon être.
O regrets de l'antique foi !
J'ai peur, et voudrais bien qu'un prêtre
Par charité priât sur moi.
Morts embaumés dans votre bière,
A vous clergé, croix et bannière. } *bis.*
   Pauvre corps sans linceul,
     Va-t'en seul !

LA NOURRICE.

AIR : *Dans les prisons de Nantes.*

Dors, Flora, ma chérie,
Tra, la, tralala, la, la, la.
  Suzon, qui t'a nourrie,
  Te berce et bercera
  Toujours, et chantera.

Jusqu'au matin sois sage,
Tra, la, tralala, la, la, la.
  De ta fauvette en cage,
  Dès que le jour poindra,
  La voix t'éveillera.

Demain vient ton grand-père,
Tra, la, tralala, la, la, la.
  Que de joujoux, ma chère !
  Plus il t'en donnera,
  Plus ma fille en aura.

Hier, il m'a dit: Nourrice,
Tra, la, tralala, la, la, la,

L'amour nous est propice.
Jamais fleur n'éclôra
Plus belle que Flora.

Oui, quand tu seras grande,
Tra, la, tralala, la, la, la,
D'amoureux une bande
A tes pieds s'abattra,
Et ton cœur choisira.

Le mieux fait te demande,
Tra, la, tralala, la, la, la,
Sous ta fraîche guirlande,
Un soir, à l'Opéra,
Ta beauté l'enivra.

Ton père dit : Pour gendre,
Tra, la, tralala, la, la, la,
Flora, faut-il le prendre?
Oui, tout bas répondra
Ma timide Flora.

Ce jeune homme est un prince,
Tra, la, tralala, la, la, la.
Tout l'or de la province
En robes passera.
Quelle noce on verra !

Te voilà donc princesse,
Tra, la, tralala, la, la, la.
Pour plaire à ton Altesse,
Chacun me salûra.
En rira qui voudra.

Tu doteras ma fille,
Tra, la, tralala, la, la, la.
Dieu bénit ta famille :
Ma fille allaitera
Le fils qu'il t'enverra.

Un jour, au cimetière,
Tra, la, tralala, la, la, la,
Ci-gît, dira ma pierre,
Suzon, qui tant pleura
La princesse Flora.

Dors, Flora, ma chérie,
Tra, la, tralala, la, la, la.
Suzon, qui t'a nourrie,
Te berce et bercera
Toujours, et chantera.

LE SEPTUAGÉNAIRE.

ANNIVERSAIRE.

AIR : *Lison dormait dans un bocage.*

Me voilà septuagénaire.
Beau titre, mais lourd à porter;
Amis, ce titre qu'on vénère,
Nul de vous n'ose le chanter.
Tout en respectant la vieillesse,
J'ai bien étudié les vieux.
    Ah! que les vieux
    Sont ennuyeux!
Malgré moi, j'en grossis l'espèce.
    Ah! que les vieux
    Sont ennuyeux!
Ne rien faire est ce qu'ils font mieux.

Ce mot n'est pas pour vous, mesdames.
A vos traits seuls l'âge fait tort.
L'amour persiste au cœur des femmes :
Il y sommeille ou fait le mort.
Connaisseuses comme vous l'êtes,
Tout bas vous dites : Fi des vieux!

Ah! que les vieux
Sont ennuyeux!
Ils s'en vont sans payer leurs dettes.
Ah! que les vieux
Sont ennuyeux!
Ne rien faire est ce qu'ils font mieux.

Que de plaisirs un vieux condamne!
Au progrès il met son *veto*.
Ne renversez pas ma tisane;
Ne dérangez pas mon loto.
Tous ils ont peur qu'un nouveau monde
N'enterre leur monde trop vieux.
Ah! que les vieux
Sont ennuyeux!
Le ciel sourit; le vieillard gronde.
Ah! que les vieux
Sont ennuyeux!
Ne rien faire est ce qu'ils font mieux.

Arracheurs de dents politiques,
Nos hommes d'État, vieux hâbleurs,
Prétendent guérir les coliques
Qu'ils provoquent chez les trembleurs!
Ils nous traitent à leur idée;
Régime et drogues, tout est vieux.
Ah! que les vieux
Sont ennuyeux!
France, ils te font vieille et ridée.
Ah! que les vieux
Sont ennuyeux!
Ne rien faire est ce qu'ils font mieux.

L'Empereur, s'il régnait encore,
Canon par le temps encloué,
Faible et démentant son aurore,
Aujourd'hui serait bafoué.
Mieux vaut mourir gloire proscrite;
Dieu reprend le génie aux vieux.

Ah ! que les vieux
Sont ennuyeux !
Voyez Corneille et *Pertharite*.
Ah ! que les vieux
Sont ennuyeux !
Ne rien faire est ce qu'ils font mieux.

Du siècle entier Dieu nous préserve !
Que de sottises en cent ans !
Amis, moi, j'ai perdu ma verve :
Plus de couplets gais et chantants.
Pour compléter cette satire
Le souffle manque au pauvre vieux.
Ah ! que les vieux
Sont ennuyeux !
Ici du moins on peut en rire.
Ah ! que les vieux
Sont ennuyeux !
Ne rien faire est ce qu'ils font mieux.

MES FLEURS.

Air : *Charmant ruisseau.*

Modestes fleurs, empressez-vous d'éclore :
Déjà bien vieux, j'ai hâte de vous voir.
De votre éclat, vite, égayez l'aurore;   } bis.
De vos parfums, vite, embaumez le soir.

Fleurir demain serait trop tard peut-être :
Pour les vieillards tout flot cache un écueil.
Ce beau soleil, qui vous invite à naître,
Peut, dès demain, briller sur mon cercueil.

Le choléra revient, affreux vampire,
Typhus vengeur de l'Indien opprimé.
Éclosez donc, fleurs ; que du moins j'aspire
Son noir venin dans un air parfumé.

Grondent encor les canons dans la ville ;
D'horribles cris nos échos sont tremblants !
Si jusqu'ici vient la guerre civile,
Croissez, mes fleurs, entre ses pieds sanglants.

Fleurs, vous aussi, vous avez vos souffrances.
Le ver est là ; le vent peut accourir.
Moi, qui longtemps ai vécu d'espérances,
Que de boutons j'ai vus ne pas fleurir !

Ne craignez pas que ma main vous moissonne.
Vieux, je n'ai plus de bouquets à donner.
De vous mon front n'attend plus de couronne ;
Je pars en roi qu'on vient de détrôner.

Las du combat, des folles théories,
Las de nombrer les taches du soleil,
Que n'ai-je enfin, sous vos tiges fleuries,
Un lit creusé pour mon dernier sommeil !

Mais, près de vous, fleurs au tendre langage,
Si de ma mort, ici, j'atteins le jour,
Puisse un parfum, souvenir du jeune âge,
Ce jour encor me reparler d'amour !

Modestes fleurs, empressez-vous d'éclore :
Déjà bien vieux, j'ai hâte de vous voir.
De votre éclat, vite, égayez l'aurore ;   } *bis.*
De vos parfums, vite, embaumez le soir.

L'AVENIR DES BEAUX ESPRITS.

Air :

Beaux esprits, adieu votre gloire,
Quand, unis par un droit commun,
De leur passé perdant mémoire,
Tous les peuples n'en feront qu'un.

Poëmes, chants, drames, harangues,
Sermons de sages et de fous,
Dans la confusion des langues,
Verront leurs échos mourir tous.

Chaque langue, obscure en sa source,
Messieurs, est le fleuve natal
Dont votre barque, dans sa course,
Doit subir le courant fatal.
Dès que lauriers, pampres et roses
Viennent pavoiser votre bord,
Vous rêvez aux apothéoses
Qui vous attendent dans le port.

Mais qu'un jour ce fleuve se mêle
Aux eaux du confluent humain:
Quel esquif ne sera trop frêle
Pour s'y frayer un long chemin?
Là, sous des étoiles nouvelles,
Aux afflux de cent régions,
On verra sombrer vos nacelles
Dans l'océan des nations.

Si quelque chant, si quelque page
Échappe à tant de flots vivants,
Pour en déchiffrer le langage,
Entretiendra-t-on des savants?
Majestés des Académies,
Vous serez, pour les curieux,
Muettes comme les momies
Que le Louvre étale à nos yeux.

Beaux esprits, ce grand monde à naître,
Monde par nous prophétisé,
Que gagnerait-il à connaître
Les vieux titres d'un monde usé?
Rien ne lui peut être un modèle.
D'où je conclus dès aujourd'hui
Que, sur la cime où Dieu l'appelle,
Nos voix n'iront pas jusqu'à lui.

8

LA PRÉDICTION.

Air :

Raison, sibylle du sage,
Qu'on interroge trop tard,
Me vient dire : A ton voyage
Dieu va mettre fin, vieillard.
Prends ton bâton, ta musette ;
Fais tes adieux, et, bon pas,
Va revoir chaque Lisette
Qui t'a devancé là-bas.
  Gaîté, persévère ;
  Amis, votre main.
  Lise, emplis mon verre ; } *bis*.
  Eh ! vite en chemin !

Raison, la grondeuse, ajoute :
C'est trop, passer soixante ans.
Fais ton dernier bout de route ;
Romps enfin avec le Temps.
Pour toi tout se décolore ;
Vois le soleil qui pâlit.
Quelques pas à faire encore
Vont te conduire à ton lit.
  Gaîté, persévère ; etc.

Prédiction qui m'enchante !
Ce monde est cher de loyer.
Quittons le coin où je chante
Pour chaque terme à payer.
Bois, cités, champs et prairies,
Si j'ai récolté chez vous,
Des fleurs de mes rêveries
J'ai fait des bouquets pour tous.
  Gaîté, persévère ; etc.

Je n'emporte en ma mémoire
Que l'image des beautés
Qui, mieux qu'une sotte gloire,
M'ont fait des jours enchantés.
Passé le temps des amantes,
Dans mes soirs, j'ai bien des fois
Cru voir leurs ombres charmantes
Rire et danser à ma voix.
    Gaîté, persévère; etc.

Un seul héritier me presse :
C'est un chantre adolescent.
La lampe de ma vieillesse
Offusque son jour naissant.
Des chansons il veut l'empire;
D'Yvetot faisons-le roi.
En passant allons lui dire :
Je pars; le trône est à toi.
    Gaîté, persévère; etc.

Que m'importe votre monde,
Ses aquilons, ses autans;
Ses vieux rocs, sa mer qui gronde,
La fleur qui manque au printemps!
De tout jeunesse s'arrange;
Mais, las des ans, je m'en vais.
Pétri de sang et de fange,
Ce globe sent trop mauvais.
    Gaîté, persévère; etc.

Adieu! J'achève ma course.
Le ciel s'accourcit d'autant
Qu'il voit au fond de ma bourse
Combien peu j'ai de comptant!
Amis, quittez cet air morne.
Je pars; mais avec l'espoir,
Quand j'aurai passé la borne,
De vous crier : Au revoir!
    Gaîté, persévère;
    Amis, votre main.

Lise, emplis mon verre;   } *bis.*
Eh! vite en chemin !   }

L'OR.

A PROPOS DE LA DÉPRÉCIATION DE CE MÉTAL.

AIR : *Do, do, l'enfant do, etc.*

Siècle, qui cours sur des débris,
Toi, qui des rois creuses l'abîme ;
Siècle, qui prends tout à mépris,
Quoi ! l'or tombe aussi ta victime !
Chaque heure en abaisse le taux :
C'en est fait du roi des métaux.
    L'or, l'or est pour rien ;   } *bis.*
Vous en aurez, hommes de bien. }

Du désert, aux Russes fatal[1],
Surtout de la Californie,
Déborde à grands flots ce métal
Sur le vieux monde à l'agonie.
Un tel déluge met, hélas !
A l'aumône tous nos Midas.
    L'or, l'or est pour rien ;
Vous en aurez, hommes de bien.

Que d'avares se sont pendus !
Que d'orfèvres meurent de crainte !
Vite, aux lingots qu'elle a fondus
La Monnaie en vain met l'empreinte.
On verra, si nous en créons,
A deux sous les napoléons.
    L'or, l'or est pour rien ;
Vous en aurez, hommes de bien.

---

1. La Sibérie, où sont les monts Ourals, riches en
or, et où le czar envoie ses sujets en exil. Il n'est pas
nécessaire de parler des merveilles de la Californie.

Philosophe, à tort tu prétends
Qu'il a mérité sa débâcle.
Si son culte a, de temps en temps,
Mis sots et fripons au pinacle,
L'or nous a fait plus d'un baron;
Même on lui doit M. V.....
   L'or, l'or est pour rien;
Vous en aurez, hommes de bien.

Mais, sous le règne des gros sous,
Croit-on qu'un romancier travaille?
Chastes beautés, souffrirez-vous
Que l'amour s'escompte en mitraille?
Quels avocats[1], sans voir de l'or,
Pourront calomnier encor?
   L'or, l'or est pour rien;
Vous en aurez, hommes de bien.

En attendant les assignats,
Chiffonniers, que d'or dans vos hottes!
Tous nos ministres auvergnats
De clous d'or vont garnir leurs bottes.
Des veaux d'or du culte détruit
Forgeons-nous des vases de nuit.
   L'or, l'or est pour rien;
Vous en aurez, hommes de bien.

Malheureux or, dieu qui, pour moi,
As toujours fait la sourde oreille,
Je t'aimais sans subir ta loi,
Et pour toi ma pitié s'éveille.
Dans mon taudis, dieu rebuté,
Je t'offre l'hospitalité.
   L'or, l'or est pour rien;
Vous en aurez, hommes de bien. } *bis.*

---

1. L'auteur ne parle ici que de certains avocats qui
font habituellement commerce de calomnies.

8*

LA MAITRESSE DU ROI.

AIR :

LA FILLE.

Mère, dans sa riche voiture
Par six chevaux conduite au pas,
Quelle divine créature!
C'est notre reine; oui, n'est-ce pas?

LA MÈRE.

Jamais la reine qu'on délaisse
N'eut, ma fille, un luxe effronté.
Honte à cette folle beauté!
Du roi ce n'est que la maîtresse.
Ah! je voudrais, dit la fille à part soi, } *bis.*
Devenir maîtresse d'un roi.

LA FILLE.

Mère, vois briller sur sa tête
L'or, les perles, les diamants.
A-t-elle donc, aux jours de fête,
De plus splendides vêtements?

LA MÈRE.

Malgré dentelles et panaches,
Ses traits chez nous sont bien connus.
Elle a fui d'ici les pieds nus,
Où, pauvre, elle gardait nos vaches.
Ah! je voudrais, dit la fille à part soi,
Devenir maîtresse d'un roi.

LA FILLE.

Qui survient? Dame belle et fière.
Son carrosse, au galop conduit,
Jette à l'autre un flot de poussière,
Et, l'accrochant, fait rire et fuit.

LA MÈRE.

Rivale qu'un grand nom abrite,
Cette dame, osant tout tenter,
Jusqu'au lit du roi veut monter
Pour écraser la favorite.
Ah! je voudrais, dit la fille à part soi,
Devenir maîtresse d'un roi.

LA FILLE.

Le roi défend celle qu'il aime.
A cheval, un jeune seigneur
Veille sur elle, et, beau lui-même,
D'un doux regard quête l'honneur.

LA MÈRE.

Fils d'une race renommée,
Il sait complaire, et va, dans peu,
Obtenir ou le cordon bleu,
Ou le plus haut rang dans l'armée.
Ah! je voudrais, dit la fille à part soi,
Devenir maîtresse d'un roi.

LA FILLE.

On arrête; elle veut descendre.
S'avance un prêtre au noble aspect.
La main qu'elle daigne lui tendre,
Mère, il la baise avec respect.

LA MÈRE.

Pour être évêque, à cette ouaille
Par lui que d'encens est offert;
Par lui qui va parler d'enfer
Au pécheur mourant sur la paille!
Ah! je voudrais, dit la fille à part soi,
Devenir maîtresse d'un roi.

LA FILLE.

Voilà que passe devant elle
Une noce de villageois.

L'épousée en paraît moins belle;
L'époux va rougir de son choix.

LA MÈRE.

Non; ne crains rien. Dans leur cabane
La misère a trop bien compté
Les sueurs qu'au peuple ont coûté
Les vices de la courtisane.
Ah! je voudrais, dit la fille à part soi, } bis.
Devenir maîtresse d'un roi.

LE CHAPELET DU BONHOMME.

AIR : *On dit partout que je suis bête.*

Sur le chapelet de tes peines,
Bonhomme, point de larmes vaines.
— N'ai-je point sujet de pleurer?
Las! mon ami vient d'expirer.
— Tu vois là-bas une chaumine :
Cours vite en chasser la famine;
Et perds en route, grain à grain, } bis.
Le noir chapelet du chagrin.

Bientôt après, plainte nouvelle.
Bonhomme, où ta blessure est-elle ?
— Las! il me faut encor pleurer :
Mon vieux père vient d'expirer.
— Cours! Dans ce bois on tente un crime:
Arrache aux brigands leur victime;
Et perds en route, grain à grain,
Le noir chapelet du chagrin.

Bientôt après, peine plus grande.
Bonhomme, les maux vont par bande.
— Las! j'ai bien sujet de pleurer :
Ma compagne vient d'expirer.
— Vois-tu le feu prendre au village !
Cours l'éteindre par ton courage;

Et perds en route, grain à grain.
Le noir chapelet du chagrin.

Bientôt après, douleur extrême.
Bonhomme, on rejoint ceux qu'on aime.
— Laissez-moi, laissez-moi pleurer :
Las ! ma fille vient d'expirer.
— Cours au fleuve : un enfant s'y noie.
D'une mère sauve la joie ;
Et perds en route, grain à grain,
Le noir chapelet du chagrin.

Plus tard enfin, douleur inerte.
Bonhomme, est-ce quelque autre perte ?
— Je suis vieux et n'ai qu'à pleurer :
Las ! je sens ma force expirer.
— Va réchauffer une mésange
Qui meurt de froid devant ta grange ;
Et perds en route, grain à grain,
Le noir chapelet du chagrin.

Le bonhomme enfin de sourire,
Et son oracle de lui dire :
Heureux qui m'a pour conducteur !
Je suis l'ange consolateur.
C'est la Charité qu'on me nomme.
Va donc prêcher ma loi, Bonhomme,
Pour qu'il ne reste plus un grain ⎰
Au noir chapelet du chagrin.   ⎱ *bis.*

LE PREMIER PAPILLON.

Air :

Toi, le premier que je vois,
Salut, papillon des bois !

Gai papillon, quelles nouvelles
Nous apportes-tu sur tes ailes ?

Aux affligés promets-tu le printemps,
Cet ami que pour eux j'attends?

LE PAPILLON.

Aux feux du ciel tout se rallume.
Vieillard, regarde : il resplendit.
Déjà chaque bourgeon verdit,
Et partout l'herbe se parfume.

Toi, le premier que je vois,
Salut, papillon des bois !

Gai papillon, quelles nouvelles?
Combien tardent les hirondelles !
Leurs cris de joie, en revoyant leurs nids.
Diraient : Espérance aux bannis !

LE PAPILLON.

Ces messagères que l'on guette
Vont arriver ; et, ce matin,
J'écoutais un écho lointain
Répéter un chant de fauvette.

Toi, le premier que je vois,
Salut, papillon des bois !

Gai papillon, quelles nouvelles?
Les fleurs encore éclôront-elles?
Les verrons-nous émailler le gazon
De la tombe et de la prison?

LE PAPILLON.

Aux papillons comme aux fillettes,
Oui, des fleurs vont s'offrir d'abord.
Vois-tu, sous le feuillage mort,
Briller l'œil bleu des violettes?

Toi, le premier que je vois,
Salut, papillon des bois !

Gai papillon, quelles nouvelles?
Aurons-nous assez de javelles

Pour tant de faims dont le cri vient d'en bas
Troubler le riche à ses repas?

LE PAPILLON.

A peine le réveil commence.
Ne sais, dans vos champs assoupis,
Combien Dieu bénira d'épis;
Mais j'entends germer la semence.

Toi, le premier que je vois,
Salut, papillon des bois!

Gai papillon, quelles nouvelles?
Quand de l'ange aurons-nous les ailes,
Ou dans le sang, mer à flux et reflux,
Quand ne se plongera-t-on plus?

LE PAPILLON.

Vieillard, qu'un homme te réponde.
Au soleil je voltige en paix;
Du suc des fleurs je me repais.
Adieu! Je plains bien votre monde.

Toi, le premier que je vois,
Adieu, papillon des bois!

ADIEU.

AIR:

France, je meurs, je meurs; tout me l'annonce.
Mère adorée, adieu. Que ton saint nom
Soit le dernier que ma bouche prononce.
Aucun Français t'aima-t-il plus? Oh! non.
Je t'ai chantée avant de savoir lire;
Et, quand la mort me tient sous son épieu,
En te chantant mon dernier souffle expire.
A tant d'amour donne une larme. Adieu!

Lorsque dix rois, dans leur triomphe impie,
Poussaient leurs chars sur ton corps mutilé,
De leurs bandeaux j'ai fait de la charpie
Pour ta blessure, où mon baume a coulé.
Le ciel rendit ta ruine féconde;
De te bénir les siècles auront lieu;
Car ta pensée ensemence le monde.
L'Égalité fera sa gerbe. Adieu!

Demi-couché, je me vois dans la tombe.
Ah! viens en aide à tous ceux que j'aimais.
Tu le dois, France, à la pauvre colombe
Qui dans ton champ ne butina jamais.
Pour qu'à tes fils arrive ma prière,
Lorsque déjà j'entends la voix de Dieu,
De mon tombeau j'ai soutenu la pierre.
Mon bras se lasse; elle retombe. Adieu!

FIN DES DERNIÈRES CHANSONS.

Monsieur,

N'en doutez pas, c'est à votre chanson et à une autre chanson, aussi généreuse, que je fais allusion dans le feu du prisonnier. Plusieurs de mes amis avaient eu l'idée que je devais m'éloigner pour laisser passer l'orage. J'ai toujours eu à cet égard des idées différentes. Ce n'est pas par amour du bruit que je me suis exposé à des poursuites ; mais parce que j'ai pensé que les débuts d'un procès pouvaient être utiles : je ne devais donc pas faire défaut.

Quant à ce que vous me dites d'aimable, Monsieur, sur le mot dernières chansons. vous devez voir dans ma préface que je veux dire seulement que je ne ferai plus de publication. en effet, à l'âge de raison, et je crois y être arrivé, il ne convient plus de s'exposer aux inconvénients de l'impression, pour des ouvrages qui ne semblent devoir être que les fleurs des belles années de la vie.

Mais pour en revenir à vos bons mots d'ivrogne, en traduisant le mot ; cela ne veut pas dire que je renonce à m'enivrer au coin de mon feu. seulement, je n'irai plus au cabaret. Je vous le répète : je n'ai

jamais un dégout pour le bruit et moins que jamais je ne me sens disposé a en faire. Il est sans doute bien doux, Monsieur, de recevoir des témoignages d'estime et d'intérêt de personnes comme vous; mais, vous qui avez aussi fait des chansons et sans doute aussi d'autres essais littéraires, ne vous êtes vous jamais rendu compte de tout ce qu'un peu de réputation ôte d'indépendance? passe encore si c'était un échange à faire avec la gloire! mais quoi! ~~par~~ un petit soleil de trois sous qui brille un moment sur votre chapeau, vous privera de votre liberté même dans l'ombre où vous voudrez vous cacher. ah! c'est un vrai jeu d'enfant. à mon âge, on sent tout le vide d'une pareille existence. il serait possible que plutard je le répétasse; mais qu'est-ce que cela prouverait? que mon intelligence a baissé et que j'ai bien fait de renoncer ~~à~~ à étaler ma décrépitude en public.

Recevez, Monsieur, l'assurance par ce long bavardage, de tout le plaisir que m'a fait votre lettre et croyez, je vous prie, Monsieur, à ma considération la plus distinguée.

Béranger

Passy, 14 fer 1833.

NOTE SUR L'AUTOGRAPHE.

En 1829, un libraire de Paris voulant faire un recueil entièrement composé en l'honneur de Béranger, invita tous les poëtes français et étrangers à y concourir. M. Petit-Senn, de Genève, lui envoya à cet effet une chanson intitulée : *Appel d'un Suisse à Béranger*, et qui fut imprimée dans le volume qui eut pour titre: *Couronne de Béranger*. Dans le recueil que celui-ci fit paraître en 1833, il est une chanson où M. Petit-Senn crut voir une réponse directe à celle qu'il avait composée en l'honneur de l'illustre lyrique; il lui écrivit pour s'en assurer, et c'est la réponse de Béranger que nous avons autographiée avec l'autorisation de celui à qui elle fut adressée.

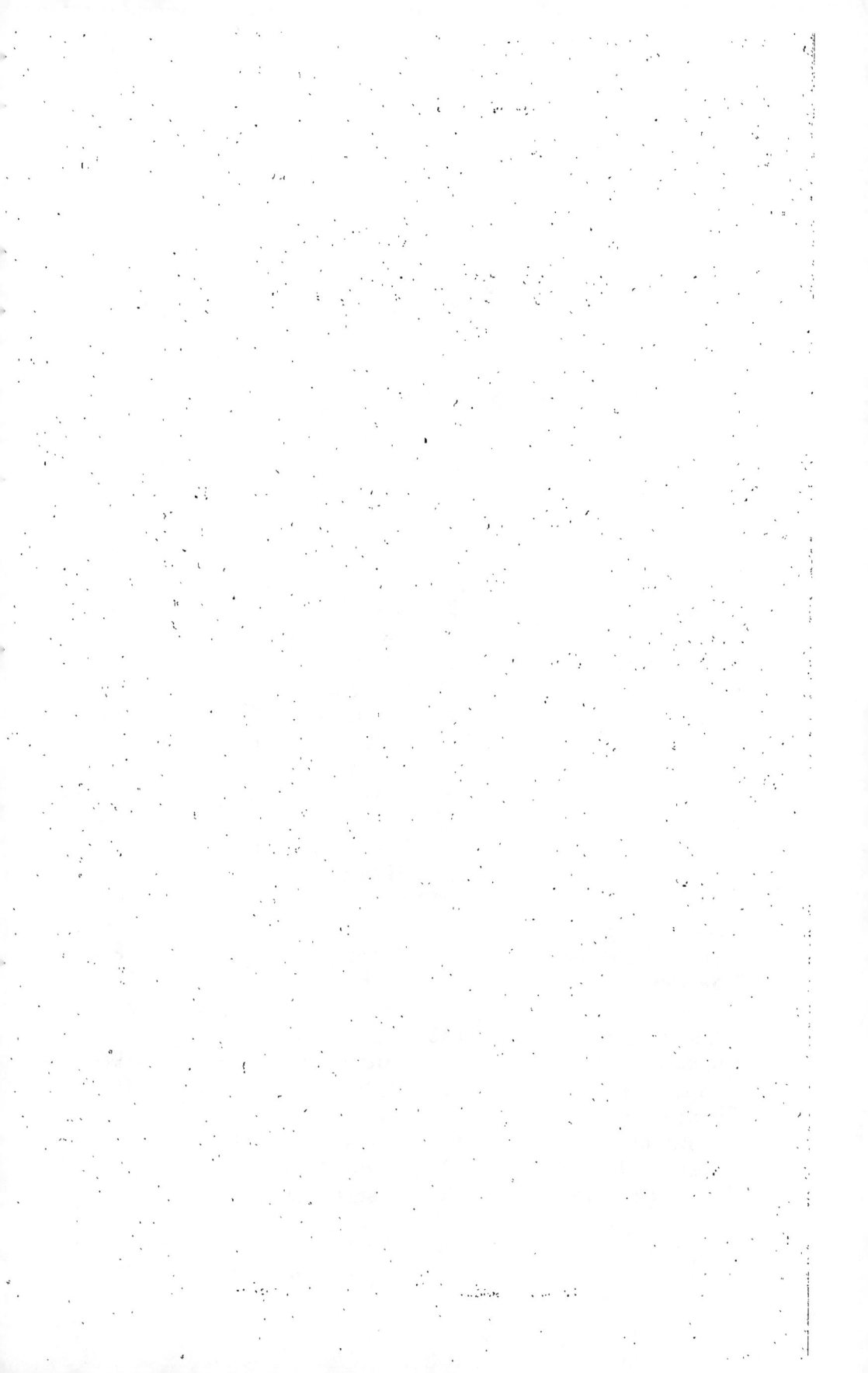

TABLE

DES DERNIÈRES CHANSONS.

———

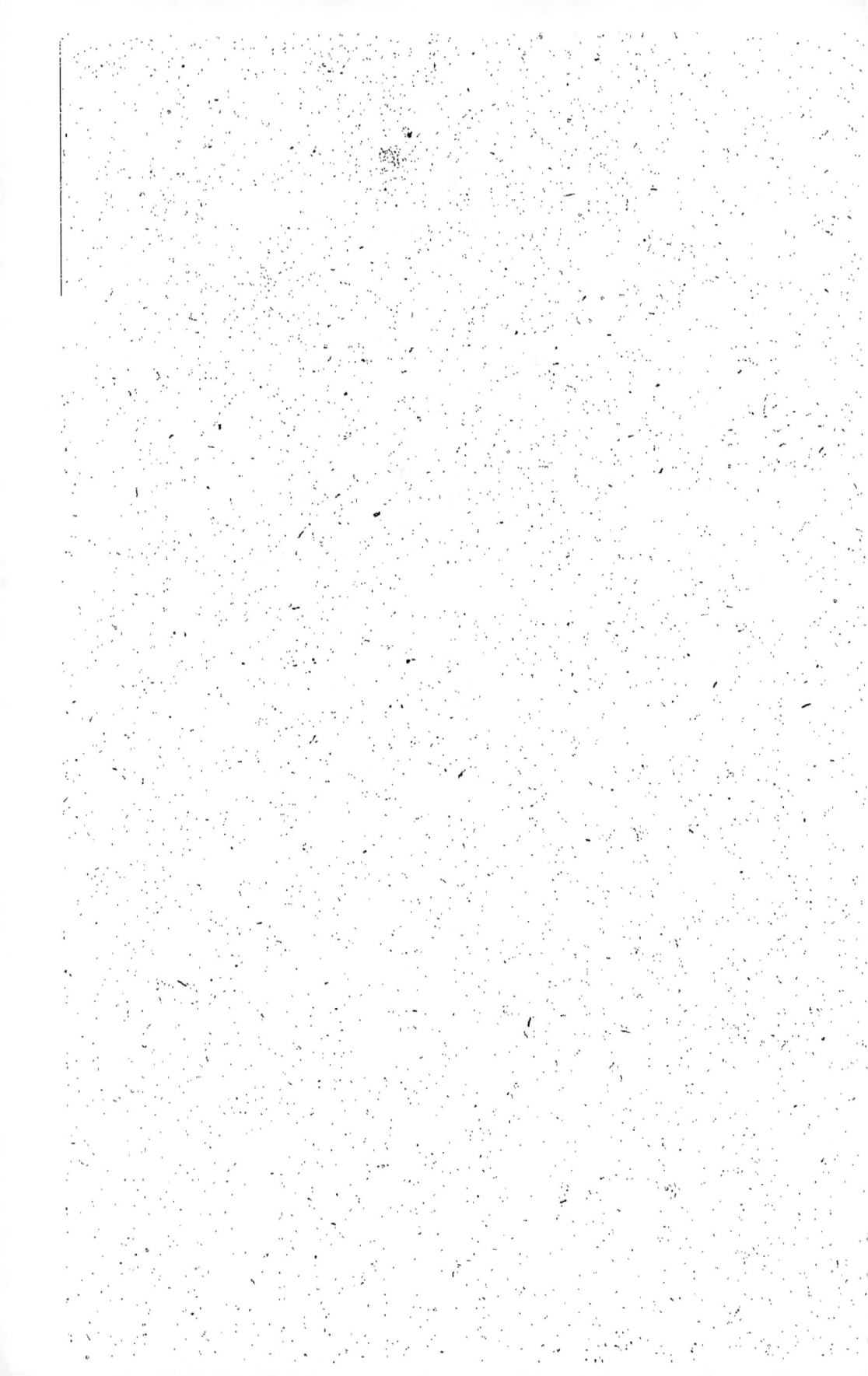

www.ingramcontent.com/pod-product-compliance
Lightning Source LLC
Chambersburg PA
CBHW070410090426
42733CB00009B/1604